Jose hace un trabajo espectacular describiendo la realidad del hombre en cuanto a su entendimiento de la salvación. El escrito da un vistazo del significado de este concepto no solo desde la perspectiva bíblica, sino también la filosófica. El material presentado reta al lector a un compromiso de transmitir la salvación, de acuerdo con el mensaje bíblico, para una humanidad tan necesitada de escuchar el evangelio *cristocéntrico*. Te animo a que emprendas este caminar del entendimiento de la salvación al leer esta obra soteriológica.

Dr. Williams S. Trigueros Sola
Director DTS en Español
https://www.dts.edu/academics/es/

Magnífico trabajo del escritor. Un viaje a través de la "historia de la salvación" con criterios, filosófico, sociológico y teológico, que le dará una amplitud y claridad al tema. Este viaje le ayudará a rescatar la dimensión eficaz y correcta del mensaje de la salvación para hoy en el siglo XXI. El estudio es sencillo, claro, comprensible y rico en su contenido de principio a fin. Todo creyente deberá leer el libro, más aún los pastores y evangelistas.

Eliseo Soto
Teólogo pastor y fundador
Église Kerygma – París, Francia

Como un ministro y maestro de la Palabra de Dios, yo he apreciado el tiempo, el estudio y la búsqueda del autor de este libro para traer y presentar en claro los varios significados y usos bíblicos de la palabra salvación, tanto en el Antiguo y el Nuevo Testamento. Leyendo este libro también me ha permitido tener una comprensión más clara de los cambios que han y están tomando lugar globalmente y, así, afectando el corazón, la mente y la actitud de muchos erróneamente. A la luz de estos cambios, este libro va a ser de gran ayuda para todo ministro de Dios que busca sinceramente ayudar a uno y a todos a comprender y aceptar la salvación que Dios ha preparado para la raza humana.

Apóstol Gilbert V. Martes
Iglesia Emmanuel Aruba
Directivo Nacional de la confraternidad de pastores
ICA Iglesias Cristianas de Aruba

La doctrina de la salvación es un tema fundamental de la fe cristiana. Es uno de los pilares sobre los que descansa la Iglesia establecida por Cristo. El pastor Jose Mendoza explica en un lenguaje sencillo el desarrollo de la revelación divina en relación a la salvación, desde el Antiguo hasta el Nuevo Testamento. No solo explica lo que es, sino que nos advierte de los peligros del presente siglo que procuran desvirtuar y restarle valor a la misma. Al final del libro nos desafía a cumplir con el mandato del Señor de anunciar a la reconciliación de todos los seres humanos con Dios. Los animo a leer este libro con devoción.

Pastor Wilfredo Martínez Rivera
Director de Misiones Internacional - IDPMI

El pastor Jose Mendoza, en este estudio, explica detalladamente el verdadero mensaje de salvación, que es por medio de Jesús, el Hijo de Dios, cuyo mensaje, en algunos casos, dentro del mismo cristianismo evangélico, no solo se ha malentendido, sino que también se está anunciando de manera incorrecta, por eso, hay que destacar que el contenido de este estudio sobre la salvación, aunque es profunda la forma de explicarlo, hace que sea fácil de entender, tanto para el docto como para el indocto, lo cual es la idea de Dios, que todos entendamos su plan de salvación claramente, por lo que animo a sus lectores a estudiar y aplicar este contenido basado estrictamente en las Sagradas Escrituras.

Pastor Fadel Sánchez

Hace unos meses tuve el privilegio de conocer a mi hermano Jose G. Mendoza Muñoz, quien vino a visitarnos a Hungría. Hablamos de las distintas maneras que solemos utilizar para compartir el Evangelio de Jesucristo, me comentó que está escribiendo un libro sobre el tema de cómo evangelizar y me pidió que leyera sus escritos. Así hice y me parecieron geniales; un libro que abre la visión acerca de cómo hablar a las personas de Jesucristo. La salvación es radical y esto significa que tiene que haber un cambio rotundo en las vidas, porque, si no, no es salvación, sino simplemente emoción. Este libro te va a ayudar a cambiar tu modo de ver la nueva vida en Cristo. La salvación en el Nuevo Testamento es similar al del Antiguo Testamento, pero tiene cosas puntuales, como que los judíos de ese tiempo estaban esperando al Mesías. Hoy los hombres no esperan nada, más bien se oponen a la salvación, pero debemos encontrar las formas de romper esas barreras. Este libro te va a motivar para que busques cómo llegar a los hombres con el amor de Jesús. Deseo de corazón que te sea de bendición; a mí me ayudó a buscar con más entusiasmo llegar a las personas. Que Dios te bendiga, mi hermano lector.

José Nemet
Misionero argentino en Hungría desde hace veintidós años

¿QUÉ SIGNIFICA LA SALVACIÓN?

impresiones

Jose Mendoza

Descubre qué dice la Biblia y qué debemos seguir diciendo nosotros

impresiones

@josegmendozam
josegabmendoza@gmail.com

Agradecimientos

A mi esposa Kateline Tromp, que aceptó el desafío de casarse con un evangelista-misionero itinerante. Juntos hemos servido predicando el mensaje bíblico para salvación.

A mis padres Miguel y Guillermina Mendoza —a quienes gané para Cristo cuando yo tenía 11 años—, que por su amor a las misiones y la evangelización me ofrendaron a mis 15 años para plantar una iglesia en Buena Vista, Edo Trujillo, Venezuela, en el año 1998. Mi viejo que, sin saberlo, la semana antes de su partida me dijo: "hijo, si has de seguir siendo un predicador del evangelio, debes ser uno fiel a las escrituras".

A mi pastor Fabio Buesaquillo.

Al evangelista-misionero Valer Andras, fundador y director de GAMA (Global Awakening Movement Association), su pasión por anunciar el mensaje bíblico de salvación me desafió desde que le conocí.

Al pastor Eliseo, su esposa Rosana y la iglesia KERYMA en París, desde hace mucho no había estado tan cerca de una iglesia que compartiera con tanta pasión el mensaje bíblico de salvación.

A los que se dedican a las misiones y la evangelización. A todos los que desean ganar almas para Cristo, a través del mensaje unívoco y bíblico de salvación.

Índice

Introducción

Vivimos en una era posmoderna, poscristiana, postodo. La sociedad humana ha cambiado. En épocas anteriores se facilitaba la comunicación de las verdades religiosas, sin importar si eras creyente en Jesucristo o no. Existía una conciencia de revelación y tradición, de tener conexión con alguna divinidad, se poseía una identidad. Había algo con lo que cada individuo se relacionaba y le daba sentido de pertenencia. Dios o lo divino era la fuente de las respuestas a las interrogantes humanas. Existía una intolerancia hacia el mal, una certeza de la existencia de la verdad y la falsedad.

De allí pasamos a la era moderna. Esta abrió la puerta a una emancipación con promesas de avances científicos que resultaron en un rechazo a todo lo divino.

La fuente de la realidad o verdad ahora es la ciencia y la razón. Hemos ido de una identificación con una comunidad a un individualismo, con la ciencia como la determinadora del cambio. Por lo tanto, no necesitamos a Dios o podemos elegir nuestro propio concepto e, incluso, nuestra conveniente creación de nuestro dios. La lógica de la ciencia es suficiente y todo lo que no se ajuste a ella y a la razón debe ser rechazado.

Dando el salto hasta nuestros días en la era posmoderna o postodo, todos poseemos realidades o verdades, según el relativismo y el subjetivismo, donde lo que es verdad o realidad para usted no necesariamente lo es para mí. Somos la era del yo. Toda gira en torno a un yo: yo elijo, yo decido, yo realizo. Un culto a la personalidad y a la autocompasión.

Esa es la travesía hasta nuestros días y el reto que se nos plantea en el esfuerzo para comunicar el mensaje del evangelio de tal manera que sea entendido. Pero para esto debemos responder: ¿estamos predicando el mensaje del evangelio para esta generación? ¿Lo están entendiendo? Cuando hablamos de salvación, ¿está entendiendo la sociedad a qué nos referimos con la sola mención del término? Al hablar de esta, ¿estamos aludiendo al mensaje de la Iglesia primitiva o estamos anunciando una salvación indefinida? ¿Está la Iglesia comprendiendo este término? ¿Hemos mezclado el mensaje cristiano de la salvación con filosofías propias de una era moderna?

La predicación actual, aunque presume de estar fundada en la autoridad de las Escrituras, no es tan difícil ver que mucha de ella es una reducción de numerosos temas bíblicos. Entre ellos el de la salvación, mediante conceptos de autoayuda, psicológicos, anímicos, sociológicos, terapéuticos, curativos, administrativos, pedagógicos, que minimizan el contenido bíblico. Este enfoque nos desvía de la advertencia tanto de Pablo como de Pedro, llegando al punto de no saber diferenciar el mensaje del evangelio de las fábulas huecas y artificiosas:

> Porque vendrá tiempo cuando no sufrirán la sana doctrina, sino que teniendo comezón de oír, se amontonarán maestros conforme a sus propias concupiscencias, y apartarán de la verdad el oído y se volverán a las fábulas. Pero tú sé sobrio en todo, soporta las aflicciones, haz obra de evangelista, cumple tu ministerio. (2 Timoteo 4:3–5)

> Porque no os hemos dado a conocer el poder y la venida de nuestro Señor Jesucristo siguiendo fábulas artificiosas, sino como habiendo visto con nuestros propios ojos su majestad. (2 Pedro 1:16)

La lectura de este libro le exhortará a hacer un paro en su responsabilidad como comunicador del mensaje del evangelio, volviéndose bíblico, poniendo un freno a toda predicación centrada en satisfacer nuestras necesidades humanas cambiando el sentido, significado y contenido de una doctrina tan vital que costó el precio del único Hijo de Dios, haciéndose Cristo "la propiciación por nuestros pecados; y no solamente por los nuestros, sino también por los de todo el mundo" (1 Juan 2:2).

Comprométase a través de esta lectura a ser un hombre que no negocia la verdad transformadora de la salvación para la vida eterna, pero que, al mismo tiempo, se hace entendible en la exposición de ella.

CAPÍTULO 1

Salvación para una generación que no la necesita

¡Cuántas veces quise juntar a tus hijos,
así como la gallina junta sus pollitos
debajo de sus alas, y no quisiste![1]

En 1856, el barco de pasajeros estadounidense Frost llegó a Guam procedente de Manila. Antes de que se permitiera desembarcar a los pasajeros, las autoridades sanitarias de Guam recomendaron al gobernador que ordenara una cuarentena de al menos tres días para el barco. Se había sabido que la jornada anterior habían arrojado al mar desde el barco el cadáver de un

1 *Santa Biblia: Reina-Valera Actualizada* (Electronic ed. of the 1989 edition, Mt. 23:37), (Baptist Spanish Publishing House, 1989).

> joven fallecido por viruela. Sin embargo, un pasajero influyente insistió en desembarcar junto con su criado. Aquel sirviente fue el primero de 3644 personas que fallecieron por causa de la epidemia de viruela que se desató o por otras complicaciones relacionadas con la enfermedad. Ese número de fallecidos representaba el 43,5 % de la población de la isla de Guam.[2]

Las consecuencias de un acto irresponsable pueden ser muy amplias y perdurar por mucho tiempo.

Frente a realidades como las que hemos vivido y vivimos de la pandemia de la COVID-19, algunas voces esperanzadoras de líderes cristianos arguyen una importante ola de nuevas confesiones al cristianismo.

Incluso algunos vieron los confinamientos y los impactos de las muertes registradas como una inequívoca situación que cambiaría a cientos de no creyentes y haría retornar a la fe en Cristo a antiguos confesos. Recuerdo el escepticismo con las que recibí las palabras de un colega pastor que me contaba el repentino crecimiento numérico en plataformas virtuales y posterior a la reapertura. Mi consejo fue: "Debemos esperar para saber si de verdad han creído en el Señor Jesucristo". En realidad, con la llegada de las vacunas,

2 Martínez, S., *100 ilustraciones sobre la historia de la Iglesia* (T. Segar & D. Vela, Eds.), (Tesoro Bíblico Editorial, 2017).

la esperanza de los avances en temas del control de la pandemia y la necesidad de flexibilizar los confinamientos, la vida volvió a su acostumbrada agitación y, con ella, la migración de las iglesias no se hizo esperar.

Vivimos en una sociedad con diferencias abismales como resultado de la globalización. Pero las realidades del comportamiento humano frente a lo eterno sigue siendo constante. Idéntico lamento pronunciado por Jesús sigue escuchándose: "¡Cuántas veces quise juntaros [...] debajo [...] y no quisisteis!" (Mateo 23:37). Hoy el mismo llamamiento de Dios al arrepentimiento está presente, hacer caso omiso de él, al igual que aquel viajero influyente, será catastrófico e irreversible.

La historia se repite

Si bien es cierto que esta declaración del Señor fue para la nación de Israel, no debemos olvidar que es la misma realidad desde nuestros primeros padres en el Edén. La historia se repite una y otra vez en todo el Antiguo Testamento. Adán y Eva tenían la posibilidad de no pecar y mantener la vida plena que poseían, pero la rechazaron. Caín la desestimó cuando afirmó: "¿Soy yo acaso el guarda de mi hermano...? [...] ¡Grande es mi castigo para ser soportado!" (Génesis 4:9–13). La generación de Noe siguió el mismo rumbo, a pesar de la oferta divina donde "cuando la paciencia de

Dios esperaba mientras se construía el arca" (1 Pedro 3:20). Durante milenios, esta ha sido la constante entre Dios y el hombre. El Altísimo ofreciendo perdón y salvación y el hombre rechazándola. Así les sucedió a los que salieron de Egipto con veinte años o de más edad: todos perecieron. ¿Por qué? Porque rechazaron la salvación del Señor expresada en rebeldía colectiva, desprecio insistente de los mandamientos de Dios dados al pie del monte Sinaí.

Del mismo modo, Acán decidió infringir lo que era de su completo conocimiento. Se le había enseñado, tanto en Éxodo como en Deuteronomio: "No codiciarás" (Deuteronomio 5:21). Acán escuchó la enseñanza sobre no tomar del anatema (Deuteronomio 7:25–26). Él era consciente de la advertencia hecha por Josué donde se refuerza esta ordenanza acerca del anatema (Josué 6:18).

Cuando Acán tomó del anatema no fue algo accidental. Esa desobediencia vino como resultado de violaciones previas a la ley que prohibía tal acción y que traía la ira de Dios en consecuencia. Los pecados de Acán fueron la implementación de una fe que está dispuesta a creer, pero no a obedecer. La sociedad moderna llama a esto libertad. Esta libertad de la que tanto hablan los pensadores, humanistas, filósofos y psicólogos no es una invitación a observar las leyes de Dios.

Por el contrario, ser libre es sinónimo de desobedecer cada precepto que signifique una prohibición que resulte, según ellos, en un impedimento del ejercicio del yo interior. Lo que no es otra cosa que una abierta oposición a Dios y a su Palabra. La así denominada libertad hace esclavo al individuo al desobedecer la verdad de Dios, que es la que libera realmente.

La salvación ha sido ofrecida con el único requisito de creer en lo que Dios ha dicho. Ese creer se fusiona con la obediencia. Ambas son inseparables. No puede haber tal cosa como un creer sin obedecer, tampoco hay una obediencia sin creer.

Tal como el ciudadano importante de nuestra historia al comienzo del capítulo, insistimos en desembarcar, desestimando la advertencia del peligro. Contagiados y contagiando a otros de una autosuficiencia y rechazo abierto a la invitación de Dios para vida eterna. Nos creemos, igual que el rico insensato, que tenemos poder para seguir viviendo a pesar del tiempo o las dificultades (Lucas 12:17–19), cuando el fin de nuestra existencia puede ser hoy mismo (Lucas 12:20).

Dios llamando a todos a salvación, para ser ricos para con él. Esta ha sido la constante en toda la historia redentora de Dios en su revelación general y específica al hombre desde Génesis hasta Apocalipsis (Génesis 6:5–8; 7:6–24; 18:20; 19:25; Lucas 17:26–29). La carta a los hebreos lo detalla de forma explícita:

> Dios, habiendo hablado muchas veces y de muchas maneras en otro tiempo a los padres por los profetas, en estos postreros días nos ha hablado por el Hijo, a quien constituyó heredero de todo, y por quien asimismo hizo el universo. (Hebreos 1:1–2)

No obstante, la constante humana es la de rechazar a Dios. Este resistir se expresa en conductas características que se describen en Apocalipsis 16:9, 11, 21. Donde se repite, una y otra vez: "Todos sufrieron terribles quemaduras, pero ni así se arrepintieron; en vez de darle gloria a Dios, que tiene poder sobre esas plagas, maldijeron su nombre".[3]

---

3 International Bible Society, *Nueva Versión Internacional* (Ap. 16:9), (Sociedad Bíblica Internacional, 1979).

CAPÍTULO 2

Desdivinización y deshumanización

La salvación no se encuentra en el conocimiento, pues ella no es el remedio a la ignorancia de la mente; es el remedio a la corrupción del corazón.[1]

La sociedad está permeada de deseos de emancipación de todo lo cristiano. Se hace todo cuanto vaya en detrimento de la fe, acercándose cada vez más al abismo, en su lucha por separarse de todo lo que tenga que ver con Dios. Tal como respondió el desafiante Caín: "No sé. ¿Soy yo acaso el guarda de mi hermano?" (Génesis 4:9b), es característico en la sociedad presente, una civilización irreverente que interroga a

1 Martínez, S., *100 ilustraciones sobre la historia de la Iglesia* (T. Segar & D. Vela, Eds.), (Tesoro Bíblico Editorial, 2007).

Dios y que resulta en una crisis que trasciende en una deshumanización del hombre.

La deshumanización es la acción y efecto de privar de carácter humanos.[2] La frase "deshumanización del hombre" me parece oportuna como consecuencia de los intentos fallidos, sutilezas y engaños de la serpiente desde el Edén de desdivinizar a Dios con la afirmación: "Dios sabe que el día que coman de él, los ojos les serán abiertos, y serán como Dios, conociendo el bien y el mal" (Génesis 3:5). Esa declaración: "sabe Dios", mezclada de engaño y que coloca al Eterno en igualdad con la maldad de la serpiente, indicaba que Dios no era confiable, que lo que ellos conocían de él, no era lo que él en realidad era en sí. Implicaba que Dios ocultaba su verdadera realidad en su relación con el hombre, que temía perder su posición como Dios manipulando la verdad sobre el árbol del que había dicho no comerás de él, "porque el día que comas de él, ciertamente morirás" (Génesis 2:17b). Esto creaba una imagen de un Dios desdivinizado, lo que resultaría en una deshumanización del hombre.

Desde aquella primera desobediencia en el Edén hasta nuestros días, igual principio ha permanecido en la raza humana. Hemos visto toda clase de expresión

---

2 Cayuela, N. L. (Ed.), *Diccionario general de la lengua española Vox* (VOX, 1997).

de un hombre divinizándose a sí mismo en genocidios, desigualdad social, depravación, violencia, divorcios, maltratos y cosas por el estilo. ¿El fundamento? Un hombre atraído por la idea constante de gobernarse a sí, emanciparse, llegar a ser o verse superior a Dios; queriendo hacerse de un nombre:

> Y dijeron: Vamos, edifiquémonos una ciudad y una torre, cuya cúspide llegue al cielo; y hagámonos un nombre, por si fuéremos esparcidos sobre la faz de toda la tierra. (Génesis 11:4)

Esta sociedad hoy la conocemos como la era moderna; "la época de la Ilustración y el dominio de la racionalidad".[3] Esta era moderna Pablo la describe como un abierto rechazo consciente de Dios. En Romanos 1:28–30, Pablo agrega una lista de comportamientos no ajenos a nuestra realidad social. Hoy se hace de la razón un ídolo, psicologizando a Dios, haciéndolo un inexistente o, lo que es peor, igualándolo a un ser humano o colocándonos en un orden superior a él.

Un Dios santo ante una sociedad pecadora

Dios es santo, o sea, dicho de un ser que es único y puro, libre de toda culpa en el sentido moral; que

3 "La Ilustración", recuperado de Enciclopedia de Historia (2019). (https://enciclopediadehistoria.com/la-ilustracion/).

posee una serie de cualidades fundamentales divinas (Levítico 11:44).[4]

La santidad de Dios es uno de sus atributos comunicables. Esto significa que Dios los imparte a los seres humanos por medio del sacrificio de Cristo si creemos en él, su santidad nos es impartida y es nuestro deber ejercitarnos en ella (Romanos 12:1; 1 Pedro 1:15–16). El profeta Isaías hace una de las descripciones más apropiadas para que entendamos la santidad de Dios y nuestra relación con un Dios santo: "Porque así ha dicho el Alto y Sublime, el que habita la eternidad y cuyo nombre es el Santo: Yo habito en las alturas y en santidad; pero estoy con el de espíritu contrito y humillado, para vivificar el espíritu de los humildes y para vivificar el corazón de los oprimidos..." (Isaías 57:15). Isaías afirma que su santidad comprende cada cosa que podamos pensar o decir sobre Dios: su habitación es santa, su nombre es santo, su eternidad es santa y cada cosa que podamos imaginarnos o pensar acerca de él es santa. El teólogo sistemático Wayne Grudem afirma: "La santidad de Dios provee el patrón para que su pueblo imite". Él les ordena: "Sean santos, porque yo, el Señor su Dios, soy santo" (Levítico 19:2).

---

4 Swanson, J., *Diccionario de idiomas bíblicos: hebreo* (Lexham Press, 2014).

La santidad de Dios es un atributo que impide que lo humanicemos, no importa cuántos intentos se hayan realizado por hacernos iguales con él, pretendiéndonos divinos, el resultado siempre será; *el envanecimiento en nuestros razonamientos, con una acelerada e inevitable necedad que entenebrecerá nuestro corazón. Profesando ser sabios, pero haciéndonos necios, y cambiando la gloria del Dios incorruptible en semejanza de imagen de hombre corruptible.* Nunca podremos decir de nosotros como poseedores de santidad, a más intento de humanizar a Dios y divinizar al hombre tanto más descompuestos seremos. El hombre es corrupto por naturaleza, pero una comprensión del concepto de Dios y de su santidad no es útil cuando solo son datos almacenados para una observación de rituales de culto o disciplinas espirituales de la fe cristiana. La santidad de Dios no solo es la ocupación de ciertos momentos de la semana donde nos podemos reunir como iglesia para celebrar la liturgia, sino que la santidad de Dios influencia toda nuestra vida en un sentido general. Dios está tan presente dentro como fuera del lugar donde en comunidad le rendimos adoración. Su santidad no pertenece a un sitio exclusivo, la santidad debe convertirse en nuestro estilo de vida, influenciándonos desde nuestras relaciones familiares, laborales, sociales, privadas o públicas. Es decir, no se trata de una mochila que nos colgamos al entrar en el templo y nos quitamos al salir de allí, la santidad de Dios repercute en toda nuestra vida, las decisiones entre elegir hablar verdad o mentira frente a una circunstancia laboral, educativa o familiar. Así como también su santidad puede ser expresada en el creyente por medio de sabernos seres imperfectos (1 Corintios 1:2), que valoramos los actos de humildad al reconocer nuestros errores para con otros, "pero estoy con el de espíritu contrito y humillado" (Isaías 57:15). El Dios santo y su santidad le hace condescendiente con una humanidad imperfecta que, ante su imperfección, se humilla, se contrista. Esta imperfección reconocida por medio de la constricción de espíritu y humildad como resultado de la experiencia de salvación es vivificadora del espíritu y del corazón, atrae a un Dios que habita en la eternidad, que es alto, sublime y santo. El reconocernos imperfectos, incapaces y necesitados de su ayuda nos asiste para poder tolerar las imperfecciones de nuestros semejantes. El fundamento de esta verdad antes mencionada es una influencia positiva para una sociedad que intenta divinizarse por medio de una emancipación de un Dios incorrectamente expresado y reflejado en el mensaje de la cristiandad moderna, con una idea de autonomía donde puedo concebirme bueno (Marcos 10:18; Romanos 3:10), haciendo de Dios algo innecesario, pues soy capaz de valerme por mis propias capacidades sin la obra del sacrificio de Cristo y el poder del Espíritu Santo (Romanos 8:26).

CAPÍTULO 3

De una sociedad religiosa a una arreligiosa

La montaña rusa más rápida y alta del mundo Kingda Ka está ubicada en Six Flags Great Adventure en Jackson, Nueva Jersey, EE. UU. El día de su apertura, el 21 de mayo de 2005, se convirtió en la más alta montaña rusa del mundo, quitándole esa posición a la Top Thrill Dragster del parque de atracciones Cedar Point. Después de que el tren haya sido llenado y comprobado se pone en marcha. Se dirige poco a poco a la zona de lanzamiento. Una vez que llega aquí, el tren se acopla al sistema de lanzamiento hidráulico que lo hará acelerar de 0 a 206 kilómetros por hora en solo 3,5 segundos. Al final de la pista de lanzamiento, el tren sube por una cuesta de 90º vertical hasta la cima de la torre principal con 139 metros de

> altura. El tren luego desciende a través de un espiral de 270º hacia la derecha. Por último, recorre la segunda colina de 39 metros. El viaje dura 28 segundos desde el lanzamiento hasta que llega a esta zona, pero tiene una duración "oficial" de 50 segundos. Debido a la alta velocidad y al diseño de los trenes, la atracción no funciona cuando llueve.[1]

Del mismo modo, y de forma sin precedente, la humanidad ha estado subiendo por una cuesta de 90° verticales hasta la cima de la torre principal de nuestra historia, transitando por la Ilustración o Siglo de las Luces, nos pusimos en marcha hasta la zona de lanzamiento, "colocando la razón humana por encima de cualquier otra autoridad para gobernar rectamente los pueblos y entender la religión sin fanatismos, desechando todo lo que no pueda ser probado por la razón. Así, las solas luces del conocimiento se bastan para comprender el mundo y nuestra relación con él. La razón humana ilumina las cosas, ilustra a los hombres, aclara los hechos, resuelve los problemas, mejora la vida".[2]

Acoplados ya en la zona de lanzamiento, después del siglo XVIII, con transformaciones religiosas dis-

---

1 https://es.wikipedia.org/wiki/Kingda_Ka.

2 Alfonso, R. B., *Introducción a la Filosofía* (Editorial CLIE, 1999), 3.ª edición, 427.

tintivas, considerando ahora, según Kant: "que Dios, las normas y la vida inmortal eran necesarios como postulados sin los cuales no podía funcionar la moral. Así pues la religión se convirtió en un tema de ética". Acoplados al sistema del Siglo de las luces, aceleramos la marcha dando inicio a un lento ascenso a la cúspide, que durante un poco más de un siglo, comprendido desde la Ilustración e inicios de la edad contemporánea, nos fue despojando lo religioso sigilosamente —*entiéndase religioso en el sentido estricto de la fe en Jesucristo junto con sus frutos de buenas obras (Colosenses 2:8–10; Santiago 1:26–27), mas no en un sentido negativo desligados de la fe en Jesucristo, religión humana (Colosenses 2:23)*— y nos puso como sociedad en la cima de la torre principal, de 139 metros de altura. La sociedad ahora no se planteaba cómo comprender el mundo, el sufrimiento y todas las preguntas desde una conciencia de Dios como la respuesta, sino que con la llegada de la Ilustración, ahora "la Razón es de mayor relevancia que la fe, la Crítica planteaba que todo lo que no tenía un razonamiento o una base lógica, carecía de sentido, con la Libertad todo podía llegar a ser criticado teniendo el fin de alcanzar la Felicidad, pasando a ser el principal objetivo en la vida, desplazando a la salvación que promulgaba el cristianismo".[3]

---

3 Erickson, M.J., *Teología sistemática* (J. Haley, Ed., B. Fernández, Trad.), (Editorial CLIE, 2008), 2.ª edición, 20.

Desde entonces iniciamos un descenso quedándonos despojados de lo religioso. El teólogo sistemático Millard J. Erickson lo describe como la era donde "la verdad se considera en gran medida relativa, la humanidad de hoy es el juez de lo que es correcto e incorrecto. En ningún sentido se tiene la idea de que una revelación de Dios pueda ser fuente y criterio de la verdad. Por lo tanto, no hay nada normativo fuera de la experiencia humana, nada que pudiera enjuiciar las ideas humanas".[4]

La vida de toda la raza humana se convirtió en una montaña rusa, pero no cualquiera ni tampoco una que se elige por diversión o de la que podemos tener el control de subir, sino que se embarcó en un viaje con alturas que pueden paralizar el corazón y el deseo de la vida misma, a unas velocidades que superan la de cualquiera que haya sido conocida hasta ahora. Estamos ahora frente a una sociedad moderna, globalizada y con una población importante arreligiosa. Una sociedad que desconoce la moral, humanista, relativista, la sociedad de lo experiencial y subjetivo, con gritos de libertad, que rechaza toda impresión de Dios o sus adherencias. Y por décadas ya hemos comenzado el descenso, que no tiene un punto final planificado. No solo no sabemos cómo detener su caída, además, tam-

---

4 https://abchistoria.com/articulo/que-es-la-ilustracion.

poco eso preocupa, por el contrario, nos apresuramos, cada vez más, a un destino irreversible.

Somos un mundo que pasó de una composición social donde Dios era cercano y presente en la conciencia del ser humano a una sociedad independizada de Dios, resultando en:

> La irrealidad de la idea de Dios o de la palabra Dios, concluyendo que "el sentido de la presencia de Dios" es más un fenómeno psicológico que religioso.[5]

Una sociedad en la que solo se satisfacen los deseos de la carne y de la mente, descritos por Pablo como "hijos de ira" (Efesios 2:3b), en la que se repite el mismo ciclo desde la Caída, donde se buscaba satisfacción propia antes que la obediencia al mandato de Dios:

> De todo árbol del huerto podrás comer, pero del árbol del conocimiento del bien y del mal no comerás, porque el día que de él comas, ciertamente morirás. (Génesis 2:16–17)

Dios les había advertido a nuestros primeros padres que el día que comieran del fruto que les había prohibido "ciertamente morirían". La conversación de la mujer con la serpiente resultó en una tergiver-

---

5 Erickson, M. J., *Teología sistemática* (J. Haley, Ed., B. Fernández, Trad.), (Editorial CLIE, 2008), 2.ª edición, 124.

sación del mandato de Dios, de un no comerás a un no tocarás, insinuando una imagen de un Dios muy severo y controlador. Así que con el terreno listo para plantar una semilla que daría sus frutos por milenios, la serpiente lanzó su ataque directo contra la verdad: "Entonces la serpiente dijo a la mujer: No moriréis" (Génesis 3:4). No existe tal peligro, Eva, quiero decirte que has sido engañada. "Sino que sabe Dios que el día que comáis de él, serán abiertos vuestros ojos, y seréis como Dios, sabiendo el bien y el mal" (3:5). Eva, Dios ha mentido. El ataque del diablo va disfrazado de un ofrecimiento de libertad y autonomía. Era la oportunidad de ser soberano. Algo semejante encontramos en los cuatro pilares de la Ilustración: la razón, la crítica, la libertad y la felicidad, promesas de emancipación religiosa. ¡Ustedes tienen la oportunidad de encontrar su libertad!

Además, la manera que el diablo utilizó para que Eva cediera a la tentación presenta el concepto de un dios déspota, mentiroso y que no admite rivales. Precisamente, en ese supuesto de dios se convirtieron al desobedecer. El dios de la serpiente es un ser lleno de tanta imperfección, pero su semilla y veneno fue tan sutil que Eva no pudo ver que es esa imperfección la que el diablo le ofrece cuando le dice: "seréis como *dios*". La conversación inocente pasó de una defensa de la verdad de Dios a una justificación del acto por cometer. También la idea de lo ofrecido se contradice, puesto que esta se basa en llegar a ser como Dios, pero un dios que miente, un dios dictador y tirano. La mujer no vio en el mandamiento de Dios referente al árbol de la ciencia del bien y del mal (Génesis 2:16–17), algo que Dios utilizara como protección personal. Satanás es el padre de la falsificación, es el inventor de todo engaño. Jesús lo describe de forma clara e irrefutable:

> Vosotros sois de vuestro padre el diablo, y los deseos de vuestro padre queréis hacer. Él ha sido homicida desde el principio, y no ha permanecido en la verdad, porque no hay verdad en él. Cuando habla mentira, de suyo habla; porque es mentiroso, y padre de mentira. (Juan 8:44)

Satanás no tiene que esforzarse para torcer el mandamiento de Dios, pero esta idea inicial que Eva conoce *de* "ser como Dios" no es ser tal como ella le había conocido, sino que es un "ser como *dios*", del modo lo había concebido Satanás.

El "no morirás" del diablo parecía verdadero. Igual sucede con la humanidad desde la Ilustración hasta nuestros días: deliberadamente, se ha ignorado la advertencia del engaño. En consecuencia, el ser humano no ha parado de repetir el mismo ciclo de sucesos del

Edén a pesar de las muchas advertencias como las que nos señala el apóstol Pablo:

> Pero temo que como la serpiente con su astucia engañó a Eva, vuestros sentidos sean de alguna manera extraviados de la sincera fidelidad a Cristo. (2 Corintios 11:3)

Los intentos engañosos del diablo han sido lanzados contra toda la humanidad. Los comportamientos de una raza caída resultan en una rebelión abierta contra Dios. El llamamiento bíblico es idéntico. Las condiciones de deterioro moral también son similares, pero la gracia de Dios sigue siendo ofrecida:

> Por tanto, puesto que todavía falta que algunos entren en él, y aquellos a quienes antes se les anunció las buenas nuevas no entraron por causa de su desobediencia. (Hebreos 4:6)

CAPÍTULO 4

Definamos la salvación

Tu salvación esperé, oh Jehová.
Génesis 49:18

En el principio aparece la advertencia del pecado y sus repercusiones: muerte física y muerte eterna. "Pero del árbol del conocimiento del bien y del mal no comerás, porque el día que comas de él, ciertamente morirás" (Génesis 2:17). De la muerte física todos participaremos: los creyentes como resultado del pecado y los no creyentes como consecuencia y castigo por el pecado. Pero para la muerte eterna, condenación eterna o juicio final, fue provista una solución en Cristo a la que podemos recurrir para escapar de ella. "Porque la paga del pecado es muerte, mas la dádiva de Dios es vida eterna en Cristo Jesús Señor nuestro" (Romanos 6:23).

Hay salvación ofrecida para la humanidad. Esta debe ser bien definida para identificar cuándo se está ocupando, en el sentido estricto, de la muerte segunda, condenación eterna o juicio final. De esta manera, podremos entonces hacer una aplicación correcta de esta y evitar unir, en un único significado, el concepto de la salvación y sus distintas categorías, así como el entendimiento del término a través de todo el Antiguo y Nuevo Testamento.

La salvación en el Antiguo Testamento

Muchas veces, la Iglesia ha malinterpretado el término salvación en el Antiguo Testamento. En sus páginas, no siempre tiene el mismo sentido que el comúnmente conocido por nosotros con énfasis primario de una salvación eterna. Esto sucede por la sencilla razón que toda la comprensión de la obra salvadora de Dios fue una revelación progresiva (1 Pedro 1:10–12), que se hizo cada vez más clara en la medida que teníamos toda la revelación de Dios en las Escrituras. Esta se completó con la venida del Señor Jesucristo, su humillación y exaltación, y la venida del Espíritu Santo (Juan 9:34–41; 16:12–15; Romanos 16:25; 1:16–17; Efesios 3:2–7; Gálatas 3:23; 1 Pedro 1:12).

La palabra salvación es amplia en su significado aun cuando la usamos con frecuencia. Hoy el empleo que normalmente le damos se relaciona con la parte incorpórea del hombre (Lucas 16:27–28; 23:43; Juan 1:29; 3:16; Hebreos 5:9). Sin embargo, el alcance e interpretación en el Antiguo Testamento era variado. No siempre se relacionaba con la parte material o inmaterial del hombre y el cosmos, sino que incluía todos los aspectos de la vida desde el nacimiento hasta la muerte.

En este sentido, Morrison detalla su significado:

> La primera aparición en la Biblia de la raíz hebrea para "salvar" (yeshu'ah) se encuentra dentro de las palabras de bendición de Jacob a sus hijos (Gn. 49:18). La palabra "salvación" se asociaba de manera más prominente con asuntos de esta vida, especialmente los deseos nacionalistas de Israel de tierra, fertilidad y éxito militar (Lv. 26; Dt. 28). En todo el Pentateuco, la salvación generalmente se refiere a la protección física: "el Señor su Dios es el que va con ustedes, para pelear por ustedes contra sus enemigos, para salvarlos" (Dt. 20:4).
>
> Asimismo cuando los profetas hablan de la salvación, se refieren a la restauración de la nación en la vida presente. La palabra yasha' y sus

> afines aparecen 100 veces en esta literatura, y la atención se centra constantemente en la supervivencia física. Aunque se expresan algunas esperanzas de salvación después de la muerte, yasha' y sus afines no se utilizan en relación con la otra vida.[1]

Veamos algunos usos de la palabra salvación en el Antiguo y Nuevo Testamento.

1. **Salvación del enemigo:**

> ¡Oh Jehová, cuánto se han multiplicado mis adversarios! Muchos son los que se levantan contra mí. Muchos son los que dicen de mí: No hay para él salvación en Dios. (Salmos 3:1–2)

Esta fue una oración matutina de David pidiendo ser librado de sus enemigos, cuando, en la sublevación de su hijo Absalón, aprovecharon para volverse contra David.

2. **Salvación como victoria por ser librado en la guerra:**

> "No habrá para qué peleéis vosotros en este caso; paraos, estad quietos, y ved la salvación de Jehová con vosotros. Oh Judá y Jerusalén, no temáis ni desmayéis; salid mañana contra ellos,

---

1 Morrison, M. D., Salvation. En J. D. Barry & L. Wentz (Eds.), *Diccionario Bíblico Lexham* (Lexham Press, 2014).

porque Jehová estará con vosotros" (2 Crónicas 20:17). El concepto aquí es una liberación o victoria en la batalla.[2]

Una señal de la bendición, compañía y cuidado de Dios. En su contraste estaba la derrota como el juicio de Dios, las consecuencias del pecado y una forma de llamarles al arrepentimiento (Josué 7:10–12; 2 Crónicas 6:34–42).

3. **Salvación como longevidad:**

La muerte en la vejez era entendida como bendición. Sustentada en la promesa a Abraham: "Y tú vendrás a tus padres en paz, y serás sepultado en buena vejez" (Génesis 15:15). Y cumplida por Dios: "Y exhaló el espíritu, y murió Abraham en buena vejez, anciano y lleno de años, y fue unido a su pueblo" (Génesis 25:8).

Además, la muerte en la vejez era recibida con paz. Jacob dio mandamientos de dónde y cómo debía ser sepultado, resaltando un estado de paz frente a la muerte, entendiéndola como un proceso natural y bienvenido en la vejez. "Cuando acabó de dar instrucciones a sus hijos, recogió sus pies en la cama y expiró. Y fue reunido con sus padres" (Génesis 49:33).

---

2 Ortiz, P. V., *Léxico hebreo-español y arameo-español* (Sociedades Bíblicas Unidas, 2000).

Más adelante en el Antiguo Testamento encontramos que la buena vejez se asocia al quinto mandamiento: "Honra a tu padre y a tu madre, para que tus días se alarguen en la tierra que Jehová tu Dios te da" (Éxodo 20:12). Luego Moisés, al recapitular la ley, amplía el concepto: "Honra a tu padre y a tu madre, como Jehová tu Dios te ha mandado, para que sean prolongados tus días, y para que te vaya bien sobre la tierra que Jehová tu Dios te da" (Deuteronomio 5:16).

La desobediencia al mandato traía maldición a manera de desventura, ruina y juicio de Dios manifestado en muerte temprana: "Maldito el que deshonrare a su padre o a su madre. Y dirá todo el pueblo: Amén" (Deuteronomio 27:16).

Un mejor entendimiento de esta maldición lo encontramos en palabras de McQuaid:

> En la literatura bíblica incluye seis raíces verbales en el hebreo/he. La primera maldición, la encontramos en el Antiguo Testamento en Génesis 3. Aunque el hombre y la mujer experimentaron las consecuencias de su pecado, Dios no los maldice específicamente. La palabra "maldición" (אָרַר, arar) es usada para la serpiente (Gn. 3:14) y la tierra (Gn. 3:17). Más adelante, Dios maldice a Caín (Gn. 4:11). Las

> maldiciones también se usaron en el pacto de Yavé con Israel.[3]

Los israelitas entendían la seriedad y severidad de no cumplir el quinto mandamiento.

La misma idea de morir muy anciano como bendición de Dios se encuentra en la historia del rey David: "Y murió en buena vejez, lleno de días, de riquezas y de gloria; y reinó en su lugar Salomón su hijo" (1 Crónicas 29:28).

Por el contrario, la muerte a edad temprana era motivo de tristeza, desconsuelo y abatimiento. Un caso típico es el del rey Ezequías. Tenía veinticinco años al iniciar su reinado (2 Crónicas 29:1) y enfermó catorce años después (2 Reyes 18:13; 20:1). A sus treinta y nueve años, Dios envió al profeta Isaías para afirmarle que no se curaría, es allí donde tenemos la siguiente oración de Ezequías:

> Escritura de Ezequías rey de Judá, de cuando enfermó y sanó de su enfermedad: Yo dije: A la mitad de mis días iré a las puertas del Seol; privado soy del resto de mis años. Dije: No veré a JAH, a JAH en la tierra de los vivientes; ya no veré más hombre con los moradores del mun-

---

3 McQuaid, J., Maldición. En J. D. Barry & L. Wentz (Eds.), *Diccionario Bíblico Lexham* (Lexham Press, 2014).

> do. Mi morada ha sido movida y traspasada de mí, como tienda de pastor. Como tejedor corté mi vida; me cortará con la enfermedad; me consumirás entre el día y la noche. Contaba yo hasta la mañana. Como un león molió todos mis huesos; de la mañana a la noche me acabarás. (Isaías 38:9–13)

Posterior a esta oración, Dios le añadió quince años (Isaías 38:4), una buena edad considerando que el período de vida de los reyes estaba entre los cincuenta y setenta (2 Reyes 14:2; 15:2).

También la salvación se entiende como liberación, seguridad, rescate, estar libre de peligro (Éxodo 14:13). Se adjudica a cualquier acto salvador, a la longevidad, la salud, la prosperidad, la provisión económica, la maternidad y la paternidad y lo religioso, la dicha del arrepentimiento, la otorgación del perdón (Jonás 3:2, 10).

Toda la vida de Israel estaba enmarcada en el pacto mosaico o la ley. Cuando quebrantaban alguno de esos mandamientos, los israelitas, colectiva e individualmente, solicitaban y recibían perdón mediante los rituales de los sacrificios. Esto se les afirma tres veces en un mismo capítulo con "así el sacerdote hará por él la expiación de su pecado, y tendrá perdón" (Levítico 4:26b; 31b; 35b). De esta manera, se restauraba su comunión con Dios, la vida, la comunidad y lo religioso, para así conservar su salvación en un valor integral y eterno. Dicho sacrificio, aun cuando era insuficiente, en el sentido que debía seguir ofreciéndose interminablemente (Levítico 6:1–7), apuntaban al futuro y único sacrificio de nuestro Señor Jesucristo (Hebreos 10:11–14). Aunque no era tan bien entendido como lo es hoy para nosotros (Gálatas 3:23). Pero este entendimiento siempre tenía su fundamento en Dios (Salmos 3:2, 8; 7:1; 51:10) como exigencia el arrepentimiento. Lava tu corazón de maldad, oh, Jerusalén, para que seas salva. (Jeremías 4:14a; Salmo 51:12), que demandaba obediencia y fe a la ley —mandamientos, estatutos y ordenanzas—, proveyendo un medio de perdón en la muerte de animales, la propiciación y expiación, que tenía su base futura en la muerte única de Cristo, ofreciéndoles salvación por medio de la gracia de Dios. (Romanos 4:16). Y como requisito la fe en lo establecido por Dios. (Romanos 3:30–31).

Una salvación sin responsabilidades

Tal como hemos visto, el uso de esta palabra en el Antiguo Testamento, por lo general, estaba relacionado a lo físico, lo político, las batallas en la guerra y una larga vida debido a las promesas. Los israelitas nacían en un marco de una salvación colectiva. Esto no denotaba que serían salvos sin más y que, por lo tanto, no se evidenciaban frutos de esa salvación y que tampoco eran necesarios. La sola nacionalidad no era en sí una salvación sin un reconocimiento de sus pecados y una vida de adoración, pero sí significaba que, al nacer, ya lo hacían en un contexto de salvación nacional.

La salvación en el Nuevo Testamento

> Con relación a esta noción en el Nuevo Testamento, Morrison afirma: "La idea de la salvación en el Nuevo Testamento cambia de un sentido físico, de este mundo, a una realidad espiritual que a menudo se enfoca en la otra vida". Los Evangelios usan la palabra "salvar" en referencia a la sanidad, el rescate del peligro y la entrada al Reino de Dios y la vida eterna. Dentro del concepto de salvación, varios temas del Antiguo Testamento se reúnen y se asocian con Jesús. El Evangelio de Lucas, por ejemplo, comienza con una descripción de la salvación nacional similar a la del Antiguo Testamento (Lucas 1:68–73), pero rápidamente cambia a una que, aunque está presente en el Antiguo Testamento, es más característica del Nuevo: "Para dar a Su pueblo el conocimiento de la salvación por el perdón de sus pecados, por la entrañable misericordia de nuestro Dios" (Lucas 1:77–78), y que a lo largo de los cuatro Evan-

> gelios, la palabra griega *sōzō* se emplea cuarenta y nueve veces, *sōtēria* cinco y *sōtēr* tres. *Sōzō* a menudo significa librarse del peligro (como ahogarse; p. ej., Mateo 8:25), para sanar una enfermedad (p. ej., Mateo 9:21), para liberarse de un espíritu maligno (p. ej., Lucas 8:36) o para salvar de los pecados (p. ej., Mateo 1:21).[4]

El *Compendio del diccionario teológico del Nuevo Testamento* coincide con Morrison en la misma idea de la salvación como una que va madurándose, en una revelación progresiva hasta llegar a ser usada en un sentido estrictamente escatológico y soteriológico:

> *Salvar* σῴζω *sōzō en el Nuevo Testamento*, se refiere a salvar la vida física. Por lo que atañe a la vida física, en el *Nuevo Testamento*, este grupo alude solo a la salvación de un grave peligro, como en Hechos 27:20 ss.; Mateo 8:25; 14:30; Marcos 15:30; Juan 12:27; Hebreos 5:7; 11:7; Hechos 7:25. En algunos casos, la referencia de σῴζω es a la curación de los enfermos (*cf.* Hch. 4:9; 14:9; Jn. 11:12).[5]

---

4 Morrison, M. D., Salvation. En J. D. Barry & L. Wentz (Eds.), *Diccionario Bíblico Lexham* (Lexham Press, 2014).

5 Kittel, G., Friedrich, G. & Bromiley, G. W., *Compendio del diccionario teológico del Nuevo Testamento* (Grand Rapids, MI: Libros Desafío, 2002), 1115.

El énfasis en el Nuevo Testamento sigue siendo muy similar al Antiguo, con algunas anotaciones puntuales de la salvación como *sōtēria*, miremos otros ejemplos:

> Aquellos hombres entonces, viendo la señal que Jesús había hecho, dijeron: Este verdaderamente es el profeta que había de venir al mundo. Pero entendiendo Jesús que iban a venir para apoderarse de él y hacerle rey, volvió a retirarse al monte él solo. (Juan 6:14–15)

Los judíos del tiempo de Jesús estaban esperanzados en las promesas del pacto davídico (2 Samuel 7:12–17).

La comprensión de Jesús para ellos era únicamente como un Mesías político que se sentaría en el trono de David. Ellos esperaban que todo el cumplimiento mesiánico fuera en lo que hoy conocemos como su primera venida, pues así lo anunció el ángel:

> María, no temas, porque has hallado gracia delante de Dios. Y ahora, concebirás en tu vientre, y darás a luz un hijo, y llamarás su nombre JESÚS. Este será grande, y será llamado Hijo del Altísimo; y el Señor Dios le dará el trono de David su padre; y reinará sobre la casa de Jacob para siempre, y su reino no tendrá fin. (Lucas 1:30–33)

Solo que su cumplimiento sería en su segunda venida.

Sin embargo, la comprensión ante el planteamiento de un Mesías redentor de todas las naciones y el papel de Israel como su representante seguía sin ser comprendido. Jesús había venido para revelarlo (Juan 4:25–26; 12:30–34).

En el Evangelio de Mateo, el anuncio del nacimiento de Jesús a José tenía su doble referencia. Aquí se presenta de forma más enfática que la función del Mesías es primariamente como *sōtēr: salvador y redentor de los males del pecado*: "Y dará a luz un hijo, y llamarás su nombre JESÚS, porque él salvará a su pueblo de sus pecados" (Mateo 1:21).

El uso y el sentido en que se venía empleando la palabra salvación ya no es más meramente de salud, prosperidad, provisión económica, maternidad y paternidad. Aunque sí incluye todo esto, el valor con que Jesús la utiliza va desde lo físico a lo eterno. "Pero Jesús, volviéndose y mirándola, dijo: Ten ánimo, hija; *tu fe te ha salvado*. Y la mujer fue *salva* desde aquella hora" (Mateo 9:22, énfasis añadido). También lo encontramos cuando Pedro, al caminar sobre las aguas "y comenzando a hundirse, dio voces, diciendo: *¡Señor, sálvame!*" (Mateo 14:30b, énfasis añadido).

Tal como podemos observar, la palabra salvación va tomando dimensiones específicamente de la eternidad, priorizando lo eterno. Declaraciones como la de Juan el Bautista escandalizaron al sistema judaico: "El siguiente día vio Juan a Jesús que venía a él, y dijo: He aquí el Cordero de Dios, que quita el pecado del mundo" (Juan 1:29). El mismo Señor Jesús convulsionó el sistema al ofrecer vida eterna y perdón de los pecados (Juan 3:15, 16, 36; 5:24; Lucas 10:25).

La salvación en Pablo

Tanto en Pablo como en los apóstoles, la revelación y el entendimiento se utiliza en términos estrictos de una salvación eterna. Esta incluye nuestros cuerpos físicos, la tierra que ha de ser redimida, nuestra alma y nuestro espíritu. Según Morrison, citado en *Diccionario Bíblico Lexham*:

> Pablo usa el verbo "salvar" en tiempo pasado, presente y futuro, lo que indica cómo las personas son perdonadas, justificadas, redimidas, reconciliadas, santificadas y rescatadas del pecado y sus consecuencias. En las 13 cartas atribuidas a Pablo, sōzō se usa 29 veces, sōtēria 18 veces y sōtēr 12 veces. Casi todas estas referencias involucran la salvación espiritual; usa sōzō una vez para indicar protección física (1 Timoteo 2:15) y sōtēria una vez en términos de liberación en

> la vida presente (Flp. 1:19). "Pablo está interesado en el concepto de salvación, más [...] que cualquier otro escritor del Nuevo Testamento".
>
> La implicación general es que las personas se "salvan" al escuchar y confesar el mensaje del evangelio. En este sentido, Pablo puede decir que una persona "salva" a otros al llevarles el evangelio (Romanos 11:14; 1 Corintios 7:16; 9:22; 1 Timoteo 4:16).[6]

La salvación no solo alcanza a los seres humanos, además, tiene trascendencias cósmicas. Esta afecta a todo el planeta, ya sea desde una consumación total de este o en su transformación. Lo uno y lo otro apuntan a la eliminación del pecado.

Pablo confronta a los israelitas por su rechazo al Señor Jesús y su evangelio como sustituto del sistema sacrificial. Israel no comprendió la llegada del Señor como un salvador de los pecados y lo rechazaron (Juan 1:12). "Dios envió mensaje a los hijos de Israel, anunciando el evangelio de la paz por medio de Jesucristo; este es Señor de todos" (Hechos 10:36). También tuvieron en poco a sus profetas y mensajeros que los llamaron al arrepentimiento (Mateo 23:37–39) y a confiar en el Mesías como el sustituto permanente de los

---

6 Morrison, M. D., Salvation. En J. D. Barry & L. Wentz (Eds.), *Diccionario Bíblico Lexham* (Lexham Press, 2014).

sacrificios (Mateo 1:21). Israel fue escogido para ser mensajero a las naciones, pero no lo entendieron. La nación toda rechazó la llegada de la promesa davídica:

> El siguiente día de reposo se juntó casi toda la ciudad para oír la palabra de Dios. Pero viendo los judíos la muchedumbre, se llenaron de celos, y rebatían lo que Pablo decía, contradiciendo y blasfemando. Entonces Pablo y Bernabé, hablando con denuedo, dijeron: A vosotros a la verdad era necesario que se os hablase primero la palabra de Dios; mas puesto que la desecháis, y no os juzgáis dignos de la vida eterna, he aquí, nos volvemos a los gentiles. (Hechos 13:44–46)

Ahora Pablo, teniendo la revelación completa del plan de salvación y el papel que Israel debía ocupar como su mensajero a las naciones, lo explica claramente. Pablo enfatiza que Dios ha cumplido su promesa al enviar al salvador. Recibirlo es recibir vida eterna. Rechazarlo es recibir la condenación eterna. Pablo y otros fueron enérgicos en su deber, como evangelizadores, de anunciar primeramente la salvación en estos términos escatológicos y soteriológicos a los israelitas y luego a los gentiles (Hechos 11:19–20; 28:17–31; Romanos 1:16).

Una vez completado todo el canon de la escritura, el sentido, énfasis y empleo de la palabra salvación pasa de un entendimiento parcial a uno integral, donde primariamente su utilización se refiere y se ocupa del problema del pecado y sus incidencias eternas.

La salvación para nosotros hoy

Su significado hoy es ambiguo. Encontramos que las propuestas son variadas. Los esfuerzos por resolver las problemáticas humanas han reclamado el ocuparse del tema desde el hombre como centro y base del discurso. El origen de muchos de los mensajes acerca de la salvación no tiene a Dios como su fuente, sino al hombre. Por lo tanto, tenemos un mensaje convertido en una mezcla. Vamos a considerar los más populares, aunque a veces podemos encontrarlos todos en la propuesta de la evangelización de la Iglesia de hoy, ya sea de modo consciente o no.

Salvación social

Estos movimientos plantean que el problema humano no reside en el individuo, sino en su entorno, por lo que sí podemos dar atención para variar su ámbito social mediante un cambio de instituciones, estableciendo una mejor repartición de los recursos económicos y atendiendo a los menos favorecidos de la sociedad. Este mensaje se enmarca en la llamada teología de la liberación, liderando diversos grupos como los pobres de la tierra, las razas, el feminismo y otros. Afirmando que, si nos ocupamos del entorno, podremos lograr una salvación colectiva. Destacan que existe algo bueno en el hombre que puede ser potenciado si se modifica su contexto. Para estos movimientos, la salvación se interpreta desde una cosmovisión del aquí y el ahora. Mucha de nuestra predicación actual en Latinoamérica es más teología de la liberación que otra cosa. Esta clase de mensaje enseña algo meramente moral o relacional en nuestros entornos, una salvación ético-moral donde el individuo tiene la capacidad de transformar su ambiente, alterando por sí mismo el estado de las cosas. Esto es una psicologización del mensaje cristiano.

Salvación existencial

Para la década de los cincuenta del siglo pasado, el mensaje del evangelio fue propuesto por filósofos existencialistas protestantes como Paul Tillich, quien afirmaba que "un mensaje cristiano apunta, pues, a una salvación última que no podemos perder porque es la reunión con el fondo del ser".[7]

Este mensaje existencialista tiene como fundamento el cambio de dirección de las Escrituras como fuente

---

7 Paul, T., Teología sistemática. Volumen I. *La razón y la revelación, El ser y Dios* (Libros del Nopal de Ediciones Ariel, S. A., 1972).

de información acerca de Dios y el origen del hombre para dar contestación a las preguntas filosóficas sobre el origen y sentido de la existencia humana: ¿de dónde venimos?, ¿a dónde vamos? Respondiendo a la pregunta por el sentido de la vida que encontramos argumentadas por Jesús en el Evangelio de Juan cuando afirmó que él era la verdad y la vida (Juan 14:4–6), al tiempo que respondió a las preguntas filosóficas de la existencia cuando dijo; "porque sé *de dónde* he venido y a *dónde voy*" (Juan 8:14).

De ese modo, este mensaje sustituye el verdadero significado del término salvación como vida eterna. Lo suplanta por conceptos dudosos, por ejemplo, sentido de la vida, felicidad, plenitud, autodesarrollo y autonomía —facultad de la persona o entidad que puede obrar según su criterio—.

El teólogo Juan Estrada afirma:

> Hemos pasado de las "**tablas de la ley**" y los mandamientos bíblicos, a los derechos humanos. También, de la concepción filial del hombre, imagen y semejanza de Dios, al concepto de dignidad humana.[8]

---

8 Estrada, J. A., *La fe en una cultura escéptica* (Editorial Trotta, 2015).

Salvación en el catolicismo

La salvación en la enseñanza de la Iglesia católica apostólica romana es muy amplia. Según Mateo Bixby, esta va desde:

> JUSTIFICACIÓN GRADUAL: la salvación comienza mediante el bautismo de infantes. Cuando una persona es bautizada, Dios lava sus pecados y le justifica. Sin embargo, esta justificación no es definitiva. No le garantiza su entrada al cielo. No recibe la justicia perfecta de Cristo acreditada a su cuenta, sino que queda en una condición de inocencia. En el momento del *bautismo*, su alma recibe una infusión de gracia. De allí en adelante tiene que *cooperar con la gracia divina* para alcanzar la salvación final.[9]

El teólogo estadounidense James G. McCarthy ha creado un diagrama[10] que nos explica de forma clara la salvación en la fe católico-romana.

---

9 http://palabraygracia.com/la-salvacion-segun-la-iglesia-catolica-parte-2/.

10 Tomado de http://palabraygracia.com/la-salvacion-segun-la-iglesia-catolica-parte-2/ Adapté este diagrama de James G. McCarthy, *The Gospel According to Rome: Comparing Catholic Tradition and the Word of God* (Eugene, Oregon: Harvest House, 1995), 96-97.

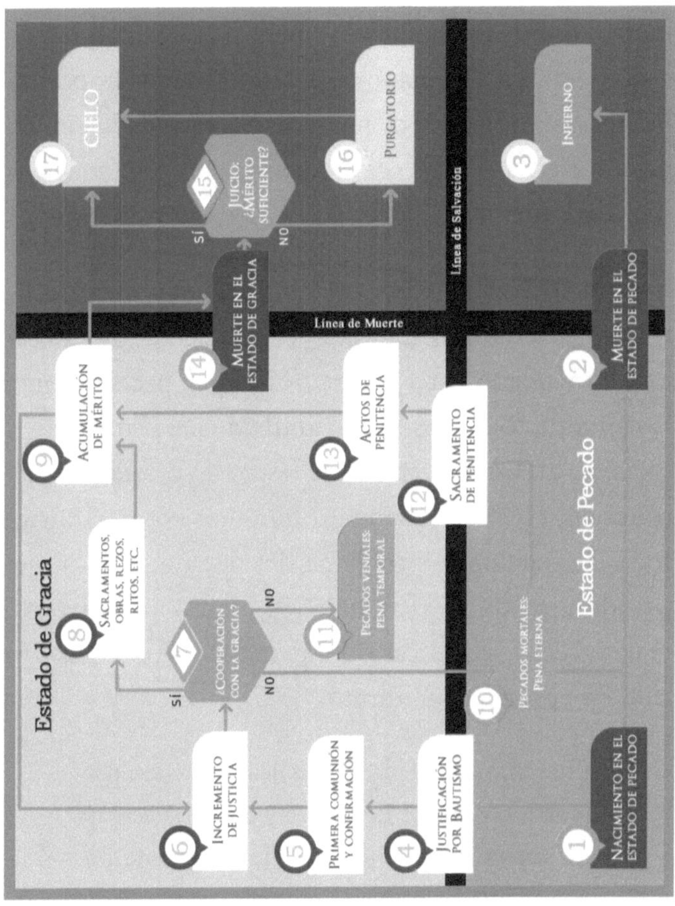

Figura 1. La salvación según la Iglesia Católica

Salvación desde la verdad bíblica

El mensaje del evangelio tiene su fundamento en el entendimiento de la raza humana como caída y corrupta, donde la punta del iceberg es la desintegración social. Los seres humanos somos individuos imposibilitados de salvarnos por nosotros mismos de la condenación eterna y luego ser modelos en proceso para una sociedad que busca cada día ser menos como Cristo.

Primero es el perdón de los pecados y luego es la transformación integral, familia y sociedad. El énfasis está enmarcado, una y otra vez, en el pecado como la causa de todos los males: individuales, familiares y sociales. En los encuentros de Jesús con diferentes personas del Nuevo Testamento miramos cómo él dirige toda la atención al problema del pecado. A la mujer pecadora le dijo: "Tus pecados te son perdonados" (Lucas 7:48). En el caso del paralítico bajado en una camilla por el techo, afirmó:

> ¿Qué es más fácil, decir: Tus pecados te son perdonados, o decir: Levántate y anda? Pues para que sepáis que el Hijo del Hombre tiene potestad en la tierra para perdonar pecados (dijo al paralítico): A ti te digo: Levántate, toma tu lecho, y vete a tu casa. (Lucas 5:23–24)

Jesús nos enseña que, para poder resolver los asuntos sociales, físicos, éticos-morales, la fórmula es ocuparnos del asunto del pecado del hombre y declararlo incapaz de cambiar su realidad, a menos que la obra del Espíritu Santo lo convenza de "pecado, de justicia y de juicio" (Juan 16:8b). Según Pedro, esa es la obra principal de Cristo: "llevó él mismo nuestros pecados en su cuerpo sobre el madero, para que nosotros, estando muertos a los pecados, vivamos a la justicia" (1 Pedro 2:24).

No hay nada erróneo en pensar que podemos ser sanados físicamente y ser mejores personas. Así debe ser, pero la base que hace esto posible no son nuestras capacidades, ya que, aun cuando un individuo pueda hacerlo, eso no le salva de la condenación eterna. Por lo que la base para el cristianismo con respecto a esta vida terrena y nuestra transformación está primeramente en la solución del problema del pecado y luego se ocupa de lo que se desprende de él. Comprendido así, damos gloria a Dios y no a los méritos del hombre.

El propósito del mensaje del evangelio, si este es presentado correctamente, si está siendo contemporizado, pero sin perder su contenido y ortodoxia, si los predicadores en su misión obedecemos a este trabajo, siendo fieles a la perspectiva bíblica detallada por Pablo:

> Y al que puede confirmaros según mi evangelio y la predicación de Jesucristo, según la revelación del misterio que se ha mantenido oculto desde tiempos eternos, pero que ha sido manifestado ahora, y que por las Escrituras de los profetas, según el mandamiento del Dios eterno, se ha dado a conocer a todas las gentes para que obedezcan a la fe, al único y sabio Dios, sea gloria mediante Jesucristo para siempre. Amén. (Romanos 16:25–27)

Es una predicación que confirma a los ya salvos, una proclamación de la salvación que se revela y manifiesta ahora a los no salvos para que lo sean, dándose a conocer para ser ***obedecida por la fe*** y dando gloria a Dios Padre. Cuando somos fieles al que nos lo encomendó, le damos gloria tanto al Padre, al Hijo como al Espíritu Santo. De esta manera, tendremos una iglesia y futuros líderes que entiendan la responsabilidad de la predicación. La responsabilidad de ser hallados y preocupados por ser fieles; la única inquietud que trasciende la vida misma de los así llamados. (1 Corintios 4:17; Efesios 6:21; Colosenses 4:7; 2 Timoteo 2:2).

Según la Biblia, la salvación se inicia con la justificación para el pecador que confía en Cristo, continúa con su santificación, hasta llegar a su glorificación.

La justificación

Mediante la justificación somos declarados justos por Dios. Es un acontecimiento como algo pasado, que ya sucedió. La justificación es imprescindible, pues la única forma de ser hallados justo ante Dios es mediante el cumplimiento de la ley, "porque no son los oidores de la ley los justos ante Dios, sino los hacedores de la ley serán justificados" (Romanos 2:13). Entendiendo la ley como la transmitida por Dios a Moisés, así como la que los gentiles tienen en sus corazones (Romanos 2:12–16).

La Biblia deja en claro que somos incapaces de cumplir toda la ley y, por consiguiente, culpables, por lo que requerimos salvación. "Porque cualquiera que guardare toda la ley, pero ofendiere en un punto, se hace culpable de todos" (Santiago 2:10).

Pablo afirma qué es la justicia por medio de la fe:

> Pero ahora, aparte de la ley, se ha manifestado la justicia de Dios, testificada por la ley y por los profetas; la justicia de Dios por medio de la fe en Jesucristo, para todos los que creen en él. Porque no hay diferencia, por cuanto todos pecaron, y están destituidos de la gloria de Dios, siendo justificados gratuitamente por su gracia, mediante la redención que es en Cristo Jesús, a quien Dios puso como propiciación por medio

> de la fe en su sangre, para manifestar su justicia, a causa de haber pasado por alto, en su paciencia, los pecados pasados, con la mira de manifestar en este tiempo su justicia, a fin de que él sea el justo, y el que justifica al que es de la fe de Jesús. (Romanos 3:21–26)

Así, al hablar de la justificación, nos referimos a una posición recibida ante Dios donde hemos sido declarados absueltos de toda culpa. Por dos actos realizados —la muerte y la resurrección de Jesús— unidos entre sí, "el cual fue entregado por nuestras transgresiones, y resucitado para nuestra justificación" (Romanos 4:25). Finalmente, así podemos disfrutar de los beneficios comprados en la cruz de Jesús. En Romanos 5:1, se enfatiza un acto pasado: la justificación. Por el condicionante de la fe en la obra de Cristo, fuimos puestos en paz con Dios por medio de nuestro Señor Jesucristo.

La santificación

> Mas por él estáis vosotros en Cristo Jesús, el cual nos ha sido hecho por Dios sabiduría, justificación, santificación y redención; para que, como está escrito: El que se gloría, gloríese en el Señor. (1 Corintios 1:30–31)

Cristo ha hecho posible cada elemento de la salvación, esto incluye el proceso de la santificación. Esta es primero posicional; ya hemos sido hechos santificados. Esa es la gran diferencia entre el cristiano y las filosofías humanas. En las segundas, el hombre tiene dentro de sí el poder para transformarse y decidir ser moral. En el evangelio, al hombre se le declara santificado. No obstante, la Biblia afirma que hay otro proceso llamado la santificación. El cual significa que somos responsables de obedecer y responder a esta (1 Tesalonicenses 4:1). Eso último lo podemos hacer debido a que ahora estamos vivos para Dios. Esa vida nos empuja a buscar y confiar en la obra de Cristo (2 Corintios 5: 21; Tito 3:3–7) y en el ministerio actual del Espíritu Santo (Romanos 15:13; 1 Corintios 6:11) como nuestra fortaleza para llevar una vida que agrada a Dios, según el consejo de la Palabra (Juan 6:36; Santiago 1:21–22; Hebreos 4:12).

La salvación es una experiencia que va desde la justificación, algo que solo Dios hace, y continúa con un proceso de santificación, donde el creyente está involucrado. Mediante la ayuda del Espíritu Santo, da frutos de esta salvación, que son posibles, pues está muerto al pecado y vivo para Dios (Romanos 6:11–14). Esta santificación es el crecimiento en semejanza a Cristo (Efesios 4:13).

La glorificación

La glorificación tiene que ver con un evento futuro, algo ya alcanzado por Cristo, pero que aún no se ha consumado para nosotros (1 Juan 3:2). La glorificación se relaciona con nuestra morada eterna y nuestra transformación en la resurrección (1 Corintios 15:51–53; Filipenses 3:21).

CAPÍTULO 5

¿Qué queremos decir por salvación?

El puesto que tradicionalmente ocupaba Dios en la experiencia humana ahora lo ocupan otros. No se le necesita como parte del mundo, y en consecuencia el concepto de Dios no tiene sentido para los seres humanos.[1]

El reto cuando tenemos que hablar de la salvación es que solo poseemos una única historia. Esta debe ser contada de tal forma que pueda ser contemporizada sin comprometer su contenido. Por lo que se requiere de personas que serán los mensajeros, que deben tener un entendimiento de la responsabilidad, ya que somos:

---

1 Erickson, M. J., *Teología sistemática* (J. Haley, Ed., B. Fernández, Trad.), (Editorial CLIE, 2008), 2.ª edición, 125.

"servidores de Cristo y mayordomos de los misterios de Dios" (1 Corintios 4:1b). Nuestro papel es servir y administrar los misterios de Dios, no necesitamos crear nuestro propio mensaje, sino que "se requiere de los mayordomos es que cada uno sea hallado fiel" (1 Corintios 4:2). Y es allí dónde estamos fallando. Tenemos un sector importante de la Iglesia ignorante del contenido de la historia de la salvación tal como se fue desarrollando, también los hechos únicos bíblicos e históricos unívocos. Hay ignorancia manifiesta de su consumación en la cruz, su revelación progresiva, el variado sentido del uso de esta palabra en el Antiguo Testamento, Israel, los profetas, Jesús en el Nuevo Testamento y los apóstoles. La carencia de todo esto ha hecho que la interpretación de la palabra sea variada.

Además, no tenemos tantas personas dentro de la Iglesia que lo conozca por qué tampoco tenemos suficientes predicadores que estén comunicando la historia de la salvación, desde una posición de "servidores de Cristo y mayordomos de los misterios de Dios".

Asimismo, tenemos muchos otros retos. ¿Cómo hacer posible que el mensaje del evangelio sea entendible sin que pierda su esencia, su propiedad, su carácter, su naturaleza y su contenido? Debemos responder la pregunta y asegurarnos de que, como servidores de las personas dentro de la Iglesia, ellas entiendan la salvación igual que la Biblia la presenta, de tal manera que pueda ser visto y examinado por la Iglesia, responsabilizándola frente a sus decisiones de vida como cuerpo de Cristo en la tierra. Si estamos fallando en esto, y de seguro lo estamos, cómo podemos esperar que las personas fuera de la Iglesia entiendan el real significado de la salvación. Ese es el reto que tenemos como embajadores del Reino de Dios: que las personas, dentro y fuera de la Iglesia, entienden qué representa la salvación (Hechos 24:24b). Tal como Pablo obedeció, siendo fiel al contenido de la visión celestial:

> Sino que anuncié primeramente a los que están en Damasco, y Jerusalén, y por toda la tierra de Judea, y a los gentiles, que se arrepintiesen y se convirtiesen a Dios, haciendo obras dignas de arrepentimiento. (Hechos 26:20)

Pablo estaba consciente que desobedecer es ser hallados indignos de confianza del Señor (Hechos 26:20). Por lo tanto, afirmó que Dios le tuvo por fiel y digno de confianza (1 Timoteo 1:12).

La razón de hablar de la salvación es obedecer a Dios, siendo fieles al contenido de su evangelio, pero que a su vez sea entendible. No existe otra historia de la salvación. Hay una sola historia. Pero hay muchos modos en que podemos contarla sin correr los peligros de adulterarla. Jesús nos dio ejemplos en el templo, con la mujer adúltera, con Zaqueo, con la samaritana. También Pablo en el Areópago. Y Pedro, con Cornelio. Todos ellos anunciaron el mismo mensaje en distintos contextos, pero siempre centrados en Cristo. Tenían un mensaje cristocéntrico; es decir, un mensaje que se fundamenta en Cristo y en la obra de Cristo.

Sin embargo, hoy esto ha cambiado. En palabras del teólogo sistemático Millard J. Erickson: "El puesto que tradicionalmente ocupaba Dios en la experiencia humana ahora lo ocupan otros".[2] El mensaje actualmente es antropocéntrico: el hombre es el centro y Dios es una idea lejana que se ha ido desvaneciendo. Con esto, muchos conceptos, dentro y fuera de la Iglesia, han ido desapareciendo y el principal de ellos: la salvación. Cristo no es el centro y base en sectores importantes de la Iglesia. Ahora el hombre es el centro y un entramado de conceptos subjetivos de la experiencia humana. Este es el reto en América Latina y el mundo: poder llevar a la Iglesia a que conozca el contenido y los distintos usos y sentidos de la palabra salvación tal como se emplea en las Escrituras. Así, comprendiéndolo nosotros como Iglesia, podamos hacerlo entendible fuera de esta y, por tanto, cumplir el mandamiento: "Id por todo el mundo y predicad el evangelio a toda criatura" (Marcos 16:15).

---

2 Erickson, M.J., *Teología sistemática* (J. Haley, Ed., B. Fernández, Trad.), (Editorial CLIE, 2008), 2.ª edición, 125.

Los retos son: ¿lo que estamos anunciando es el evangelio? ¿Las personas lo están entendiendo? ¿Tiene este anuncio implicación irreversibles y eternas? ¿Está la Iglesia siendo clara en su predicación y el mundo lo está entendiendo? ¿Es nuestra predicación sobre la condenación eterna y su solución única y exclusiva en Cristo? ¿Entiende esta sociedad que rechazar la salvación en Cristo es elegir condenarse por la eternidad?

Si respondemos y nos ocupamos de estos retos, podremos retomar el curso de nuestra misión en la evangelización. De no ser así, en consecuencia, corremos el riesgo de estar comunicando un mensaje que la sociedad entenderá como algo meramente comportamental, ético-moral, de la salud, psicológico, económico, psíquico, filosófico, relacionado a la felicidad. No eterno, del alma, del pecado y de condenación. Como resultado, si la salvación solamente se ocupa de algo relacional, ético-moral y terapéutico, entonces no necesitaremos a Dios como parte del mundo, y, producto de ello, el concepto de Dios no tiene sentido para los seres humanos.

CAPÍTULO 6

¿Qué dice la Biblia y qué debemos seguir diciendo nosotros?

Este mensaje desacertado de la salvación que está comunicando un sector importante de la Iglesia está siendo cada vez menos necesario. Y esto ocurre debido a que no tiene como base que el problema primario del hombre es el pecado.

Con el adelanto tecnológico y la globalización, ya podemos acceder a cualquier información con solo un clip, y las falsas promesas de un evangelio de fábulas huecas (1 Timoteo 4:3–4) comienzan a dar sus frutos. Se han venido gestando movimientos que captan una importante población que ha emigrado, está emigrando y seguirá emigrando si no nos volvemos a la predicación del mensaje de la salvación con un contenido bíblico.

Las promesas de un evangelio terapéutico, ético-moral, solucionador del dolor físico y emocional perdieron su certeza con la llegada de la ciencia. El método evangelizador era la promesa de sanidad —"venga a Cristo y será sanado"—, pero con los avances en el campo de la salud, hoy hay cada vez menos enfermedades que no puedan ser tratadas. ¿Entonces para qué nos sirve Jesús si también puedo recuperar la salud por otros medios? Ante la afirmación: "Venga a Cristo y su hogar será restaurado", con los adelantos de la psicología y las terapias de grupos, los matrimonios pueden ser restaurados; las depresiones, tratadas y la psiquiatría puede tratar con éxito los dolores que dejan los vacíos existenciales. Todo esto hace que la presentación de un mensaje de salvación ético-moral sea inútil con los progresos y prácticas de terapias, del yoga, las mezclas e influencia de las creencias asiáticas que pueden ser conocidas con solo apretar un clip. Los individuos pueden controlar y educar emociones como la ira, el miedo y el odio. La sociedad encuentra así soluciones terrenas significativas. El reto es si estamos anunciando un mensaje existencialista o escatológico-soteriológico.

En épocas pasadas, al hablar del término salvación, por lo general, este estaba muy bien enmarcado en lo eterno. No solo la Iglesia estaba familiarizada con él, sino que el mundo sabía que la Iglesia hablaba de la eternidad (Juan 5:24; Romanos 5:15). En la actualidad, esto ha cambiado.

Chafer, L. S. afirma que:

> La salvación tiene su uso específico y predominante, está restringido a designar una obra de Dios en favor del hombre. Cuando se usa en este sentido, representa la quintaesencia de todo el mensaje bíblico, puesto que reúne en un solo concepto doce, al menos, de las doctrinas más vitales y comprensivas. como son: redención. reconciliación. propiciación. convicción de pecado, arrepentimiento, fe, regeneración, perdón de los pecados, justificación. santificación, perseverancia o preservación, y glorificación.[1]

Cuando dialogamos de la salvación estamos hablando del acto más sublime de Dios que involucra toda la Trinidad. También hablamos de un hombre caído, proclive al pecado junto con todos sus descendientes (Oseas 6:7). Una humanidad caída de donde provienen todas las desviaciones, inmoralidades y maldad conocidas, ya sean sociales, colectivas o individuales (Oseas 6:8–10) con una doble sentencia de muerte: física y eterna (Génesis 2:17; Romanos 5:12; 1 Co-

---

1 Chafer, L. S., *Teología sistemática.* Volumen 111, soteriología, (USA publicaciones españolas, 1986), 815.

rintios 15:21). Además, hablamos de un Dios involucrándose en la historia humana ofreciendo rescate y perdón (2 Corintios 5:19; 1 Juan 4:10). Hablamos de Dios dándonos a su Hijo (Romanos 8:32) como dádiva de amor (Romanos 6:23), haciéndonos sus hijos por medio de la fe en Él (Gálatas 3:26).

La salvación viene de Dios el Padre, lo que significa que él es el autor de ella. Encontramos una completa armonía entre las tres personas de la Trinidad:

> Pero cuando se manifestó la bondad de Dios nuestro Salvador, y su amor para con los hombres, nos salvó, no por obras de justicia que nosotros hubiéramos hecho, sino por su misericordia, por el lavamiento de la regeneración y por la renovación en el Espíritu Santo, el cual derramó en nosotros abundantemente por Jesucristo nuestro Salvador, para que justificados por su gracia, viniésemos a ser herederos conforme a la esperanza de la vida eterna. (Tito 3:4–7)

> Clamaban a gran voz, diciendo: La salvación pertenece a nuestro Dios que está sentado en el trono, y al Cordero. (Apocalipsis 7:10)

La salvación involucró de manera activa a toda la Trinidad. Dios el Padre obró en Cristo nuestra reconciliación (2 Corintios 5:18) dándonos a su único Hijo (Juan 3:16). Jesucristo se ofreció voluntariamente como el cordero pascual (Juan 1:29; Hebreos 9:13–14) en obediencia al Padre (Juan 5:36; Hebreos 10:7) en su única misión de salvar al mundo (1 Timoteo 1:15). A su vez, el Espíritu Santo está activamente redarguyendo, regenerando, convenciendo de pecado y ayudándonos a comunicar la verdad de la obra salvadora en Cristo (Juan 14:26; 1 Tesalonicenses 1:5; Tito 3:5; 1 Pedro 1:12; Hechos 11:24).

Cuando nos referimos a la salvación, Ryrie afirma que: "La salvación incluye la obra completa de Dios en traer a las personas de la condenación a la justificación, de la muerte a la vida eterna".[2] Asimismo, según Packer: "La salvación es el tema maestro del Evangelio cristiano".[3]

En este caso, podemos afirmar que tanto el hombre como toda la creación somos los objetos de esta salvación, aguardando ser rescatados y devueltos al estado original de completa perfección (Romanos 8:22–23). Esto quiere decir que, al hablar de salvación, lo hacemos de caída, pues no habría salvación si no hubiera algo perdido o extraviado. Cuando nos referimos a sal-

---

2 Ryrie, C. C., (2003). *Teología básica* (Editorial Unilit, 2003), 314–315.

3 Packer, J. I., *Teología concisa: Una guía a las creencias del cristianismo histórico* (Editorial Unilit, 1998), 154.

vación, estamos aludiendo a algo eterno, recibido por la fe en Cristo. El aquí y ahora garantizando lo eterno. Esto coloca cualquier uso en otro sentido como secundario, algo ya hemos visto. En la Biblia, Dios salva a Israel de los ejércitos enemigos, luego Jesús también señala en algunos pasajes de los Evangelios a la salvación como el ser sanado. Pero lo fundamental es el hecho de que estamos hablando de una que es eterna. Esto significa y requiere toda nuestra atención, porque no habrá concesiones en la eternidad, no podremos negociar con Dios.

Cómo se efectúa la salvación

La salvación es únicamente por gracia (Efesios 2:8), ofrecida a todos los hombres bajo la condición de la fe en Cristo. "Pero estas se han escrito para que creáis que Jesús es el Cristo, el Hijo de Dios; y para que creyendo, tengáis vida en su nombre" (Juan 20:31; véase 1 Corintios 15:2). La salvación es posible mediante la obra del Espíritu Santo (Juan 16:8–11).

CAPÍTULO 7

La salvación no ha cambiado

La humanidad ha cambiado radicalmente con el paso del tiempo, en cierto momento el mensaje del evangelio puede haber sido adecuado y útil para los humanos, pero ahora son tan distintos, su misma naturaleza está tan alterada, que el mensaje caerá en oídos sordos o incluso será rechazado.[1]

Negar la realidad del cambio abismal de la sociedad actual a todas las anteriores, desde lo fundamentalmente espiritual y religioso, es pretender mantener cerrada las compuertas de una represa con una multitud de hombres. Es totalmente imposible.

---

1 Erickson, M. J., *Teología sistemática* (J. Haley, Ed., B. Fernández, Trad.), (Editorial CLIE, 2008), 2.ª edición, 123.

No solo la sociedad ha variado, la Iglesia ha experimentado cambios considerables en su mensaje evangelísticos, sus métodos de evangelización y el contenido de su mensaje. Al mismo tiempo que asumimos ser entendidos por esta sociedad que, como ya hemos mencionado, es arreligiosa. La sociedad ha cambiado y junto con ella nuestro mensaje de evangelización también.

Latinoamérica tiene los movimientos más influyentes ocupando los medios de comunicación masiva, con un evangelio incompleto. Habiéndose resistido inicialmente al cambio, eligieron entonces hacer una mezcla del mensaje.

No reconocer que esta sociedad no está relacionada con los significados bíblicos de la salvación y que tampoco la Iglesia está trasmitiendo un mensaje correcto cuando evangeliza la sociedad es como conducir por una vía nueva y no estar atentos a las señales de tráfico. Esto es como leer: "Peligro, descenso peligroso", y no reducir la velocidad.

La dimensión, magnitud e importancia de la salvación no han cambiado. Cuando hablamos de ser salvos, esta es su dimensión: *somos salvos de la maldición de la ley*, pues Cristo se hizo maldición por nosotros (Gálatas 3:13). Ya no hay condenación para los que estamos en Cristo (Romanos 8:1). También, *somos salvos de la muerte eterna o muerte segunda* (Romanos 5:12; Apocalipsis 2:11; 20:6–14). Además, *somos salvos de la ira de Dios*, de su justo juicio, de su enojo, de tribulación y angustia (Romanos 2:5–11). "Y uno de los cuatro seres vivientes dio a los siete ángeles siete copas de oro, llenas de la ira de Dios, que vive por los siglos de los siglos" (Apocalipsis 15:7). La salvación es para que ya no seamos objetos de la ira de Dios. No obstante, al rechazar a Jesucristo como nuestro Salvador, ya estamos siendo objetos de esa ira de Dios. "El que cree en el Hijo tiene vida eterna; pero el que rehúsa creer en el Hijo no verá la vida, sino que la ira de Dios está sobre él" (Juan 3:36).

CAPÍTULO 8

La certeza de la salvación. ¿Realmente la necesito?

Si bien es cierto, *la salvación* que es en Cristo Jesús con gloria eterna según (2 Timoteo 2:10). También es innegable que la forma como sucede en los individuos y sus experiencias es muy variada. Claro que esto no se refiere a que un modelo utilizado sea sin valor en la salvación para que lo rechacemos sin más. Es evidente que repetir una oración junto al predicador, una práctica desde los avivamientos de Finney, no significa que todo individuo, al realizarlo, ya es salvo. Tampoco es real que, al exponer de modo personal o publicar explícitamente el mensaje de la salvación como una únicamente posible en los méritos de Cristo y que el individuo reaccione positivamente en una acción de seguir asistiendo al templo o escuchándonos individualmente, quiera decir que ya es salvo (Hechos 26:28–29; 28:21–24). Sin embargo, donde finalmente sí convergen ambos modelos después de ser presentada la salvación, es en los frutos (Lucas 3:8; Hechos 26:20; Colosenses 1:10). Estos son inalterables e imposibles de no ser visibles. Hay una inclinación propia de la obra del Espíritu Santo, que, sin importar la intensidad, el nacido de nuevo emprende un viaje contra la corriente, iniciando el abandono de la "pasada manera de vivir" (Efesios 4:22), debido a que ha sido rescatado "de su vana manera de vivir" (1 Pedro 1:18). Ya no está cómodo con su pecado y siente un rechazo claro al pecado.

Una conciencia de pecado y confesión de pecados son frutos de esa salvación, ejemplificadas en el publicano al decir: "sé propicio a mí, pecador" (Lucas 18:13). Esto no representa que hacemos cosas para ser salvos, sino que, por el hecho de ser salvos, damos frutos. Nuestra salvación descansa siempre en Cristo, y el Espíritu Santo en nosotros hace que ese fruto sea posible (Mateo 3:8; Efesios 5:9). No se trata de una medida en particular. Algunas veces el fruto podrá ser pequeño. Otras, como Zaqueo, más evidente. Pero el principio es que llevamos fruto para Dios (Juan 15:8; Romanos 7:4; 15:13).

Mi experiencia de salvación

Experimenté el perdón de mis pecados en una reunión de oración. Allí fui invitado a repetir la oración de fe. Luego, al leer los Evangelios, pude entender mejor mi experiencia de aquel 21 de febrero de 1993. Una y otra vez encontraba que todos los que seguían a Jesús tenían esa particular experiencia del gozo. Lucas relata de un hombre llamado Zaqueo, quien supo que Jesús le visitaría: "Entonces él [Zaqueo] se apresuró a descender y le recibió con gozo" (Lucas 19:6). Yo no solo tenía gozo como resultado de que mis pecados habían sido perdonados, sino que ahora quería perdonar a los que me habían herido o que yo había dañado. Zaqueo lo hizo igual después de conocer al Salvador: "Zaqueo, puesto en pie, dijo al Señor: He aquí, Señor, la mitad de mis bienes daré a los pobres, y si en algo he defraudado a alguno, se lo restituiré cuadruplicado" (Lucas 19:18). ¿De dónde provenía el gozo, la alegría, los deseos de perdonar y pedir perdón? La fuente de toda esta transformación espiritual era Dios mismo. El perdón de mis pecados y los efectos de esto como fruto del Espíritu Santo, afectando positivamente lo físico —mejora en el sueño—, lo emocional —capacidad de perdonar y pedir perdón, extinción permanente de pensamientos suicidas—, todo provenía de experimentar la salvación de mi alma, de aquel que le dijo a Zaqueo: "Hoy ha venido la salvación a esta casa, ya que él también es hijo de Abraham; porque el Hijo del Hombre ha venido a buscar y a salvar lo que se había perdido" (Lucas 19:9–10).

Había sido perdonado de mis pecados. Había sido salvo. Estaba en paz para con Dios (Romanos 5:1). Experimentaba una paz que sobrepasa todo entendimiento (Filipenses 4:7; Colosenses 3:15). Pero esa experiencia sería confrontada por la duda y necesitaría la certeza. ¿Quién no ha pasado en el inicio de su fe por ese sinsabor de sentirse no salvo? ¿Cómo podemos enfrentarnos a ella? ¿Es en sí un proceso común? ¿De dónde encontraremos fuerza para tener certeza de que sí somos salvos? La fuente de donde deben provenir todas nuestras convicciones cristianas es siempre la Palabra de Dios. De allí la urgencia que el cristianismo afirme todas sus doctrinas, creencias y convicciones únicamente en la Biblia. Y si nos valemos de otros textos y experiencias, estas simplemente sirven para confirmar la Palabra de Dios y nos son útiles para un razonar con otros respecto a la fe, mas no son la base de nuestra fe. Miremos algunos puntos importantes que llamaré marcas que dan certeza a la salvación.

Algunas señales propias de una experiencia de salvación

Los indicios son señales de una cosa que está ocurriendo o que va a suceder. De esa manera, se puede determinar la naturaleza de algo, sea una enfermedad o un evento de índole social, que tiene características que sirve para identificarla. Un indicio claro de una persona salva es hacia dónde se está inclinando su corazón. ¿Se inclina a la fe? Jesús dijo: "Porque donde esté vuestro tesoro, allí estará también vuestro corazón" (Mateo 6:21). Esta inclinación por Dios no proviene de la naturaleza humana sin haber sido resucitada a la vida (Efesios 2:1–7). ¿Se incomoda con sus prácticas pecaminosas? Al recibir a Cristo, sin importar cuánto tiempo haya pasado y que incluso cometa pecados que no los considera como tal, hay un rechazo interno al mal. No obstante, antes no le incomodaban en lo absoluto, ni siquiera se molestaba en pensar si eran o no pecado, sino que simplemente las hacía. ¿Cómo se siente ahora frente a esas prácticas? ¿Experimenta una lucha constante porque desea vivir diferente a su vida pasada? Cuando peca, ¿siente dolor por haberlo hecho? ¿Tiene deseos de oír, leer y estar en contacto con la Biblia que es la Palabra de Dios? ¿Asiste a una congregación cristiana sin importar la forma si su caso es el de alguien recién nacido que aún no ha sido discipulado? ¿Ora? ¿Dedica tiempo para orar sea durante día, al acostarse o al levantarse? ¿Tiene deseo de orar? Disfruta la música cristiana, rechaza la música no cristiana. Se deleita en adorar y alabar a Dios.

Estas señales, en cualquier nivel en usted, le dan certeza de haber nacido de nuevo. Si aun con la descripción de estas todavía lucha por creer y sentirse salvo, puede confiarle al Señor esa duda e ir a la Biblia para que el Espíritu Santo haga la obra de convencerle de su seguridad de salvación. Acérquese cada vez más a la Palabra y preste mayor atención a la predicación bíblica y expositiva, ella le confortará y confirmará en la fe (Hechos 15:32–36; 16:5). Confíe en que su salvación no descansa en usted, lo hace en el Señor Jesucristo y en su obra ya realizada y aceptada por usted por medio de la fe al creer en él:

> Porque en el evangelio la justicia de Dios se revela por fe y para fe, como está escrito: Mas el justo por la fe vivirá. (Romanos 1:17)

> Pues todos sois hijos de Dios por la fe en Cristo Jesús. (Gálatas 3:26)

> Y ser hallado en él, no teniendo mi propia justicia, que es por la ley, sino la que es por la fe de Cristo, la justicia que es de Dios por la fe. (Filipenses 3:9)

Soy salvo y ahora, ¿qué hago?

Ahora que es salvo debe observar las disciplinas espirituales antes mencionadas. Para conocerlas a fondo, tiene que ser parte de una iglesia local, donde recibirá instrucción para practicarlas debidamente.

¿PUEDO SER CRISTIANO SIN UNIRME A UNA IGLESIA?

"Sí, es posible. Pero es como ser:
... un estudiante que no asiste a la escuela.
... un soldado que no se une al ejército.
... un ciudadano que no paga impuestos ni vota.
... un vendedor que no tiene clientes.
... un explorador sin un campamento de base.
... un marinero en un barco sin tripulación.
... un comerciante en una isla desierta.
... un escritor sin lectores.
... un padre sin familia.
... un jugador sin equipo.
... una abeja sin colmena.
¿Quieres ser un cristiano así?".

(Autor desconocido)

Usted necesita ser parte de una iglesia local. La Iglesia la estableció el Señor Jesús (Mateo 16:18), a ella son añadidos los salvos, ellos la componen (Hechos 2:47). Los ministerios dados a la Iglesia confirmarán su fe y le fortalecerán (Hechos 15:41).

CAPÍTULO 9

¿Estamos repitiendo la historia?

Una vez que ya hemos entendido cuál es el contenido del mensaje de salvación, también necesitamos hacernos responsables de compartirlo. El propósito, una vez que somos salvos por medio de la fe en la obra de Cristo, con consecuencia eterna, aun cuando la vida terrena sea una cargada de sufrimientos, es compartir con otros el evangelio, la buena noticia, obedeciendo el mandato dado directamente por nuestro Señor Jesucristo:

> Y les dijo: Id por todo el mundo y predicad el evangelio a toda criatura. El que creyere y fuere bautizado, será salvo; más el que no creyere, será condenado. (Marcos 16:15–16)

Corregido el mensaje, al poner el énfasis en una salvación de los juicios de Dios, de la condenación eterna, tenemos entonces el reto de respondernos las siguientes interrogantes: ¿entendemos nuestra responsabilidad de predicar el evangelio? ¿Entiende la Iglesia en realidad su función de anunciarlo a todo el mundo? ¿Es dicho mandato solo para los líderes y ministros? ¿Con cuánta frecuencia mostramos la buena noticia? ¿O estamos repitiendo la historia de Israel? La nación de Israel no entendió el ser escogido por Dios. Este era un privilegio que los responsabilizaba de anunciar su Dios a otras naciones. Ellos lo limitaron a un marco geográfico, cambiando su privilegio de ser los representantes del Señor para anunciar salvación a otras naciones en un exclusivismo nacional. El mandamiento de Dios para Israel advertía acerca del peligro de contagiarse con el sistema de adoración de esas naciones (Deuteronomio 8:19), resultando en un castigo por no obedecer los mandamientos del Señor (Deuteronomio 8:20). El mandamiento de exterminio estaba limitado a las naciones que ellos iban a desposeer para habitar en la tierra, como protección de no contagiarse aprendiendo su sistema de adoración pagano (Deuteronomio 20:16–18). Pero a las demás naciones, Israel debía ofrecerles oportunidad de paz y, si la aceptaban, perdonar la vida a todos (Deuteronomio 20:10–11). Incluso si se resistían y no hacían la paz, tenían que conservarles la vida a las mujeres y los niños (Deuteronomio 20:12–13). Israel debía amar a esos extranjeros como mandamiento del Señor (Deuteronomio 10:17–22). En estos versículos vemos que el propósito de Israel está lejos de ser entendido como un exclusivismos racial o geográfico. Ellos debían ser luz a las naciones. En palabras del rey David encontramos un entendimiento de este propósito: "Por tanto, yo te confesaré entre las naciones, oh, Jehová, Y cantaré a tu nombre" (2 Samuel 22:50; Isaías 55:4). Del mismo modo, los profetas tuvieron este entendimiento de su función dentro y fuera de las fronteras de Israel (Jeremías 1:5). Ese alcance se ve más marcado en el profeta Isaías en sus profecías del siervo sufriente. Ellas señalan la función mesiánica de venir y reestablecer el propósito de ser escogidos por Dios, a pesar de que ellos no lo entendieron.

"Yo Jehová te he llamado en justicia, y te sostendré por la mano; te guardaré y te pondré por pacto al pueblo, por luz de las naciones" (Isaías 42:6), acentuándose en todos los capítulos del siervo del Señor (Isaías 49:6; Lucas 2:32), declarándonos enfáticamente el alcance, propósito, sin exclusiones para ninguno, presentando el papel de Israel como el responsable de comunicar el mensaje a todos. Un mensaje fiel que le da el propósito por el cual Dios les ha escogido como su pueblo, pero que Israel no estaba cumpliendo según Isaías.

> Así dijo Jehová: Guardad derecho, y haced justicia; porque cercana está mi salvación para venir, y mi justicia para manifestarse. Bienaventurado el hombre que hace esto, y el hijo de hombre que lo abraza; que guarda el día de reposo para no profanarlo, y que guarda su mano de hacer todo mal. Y el extranjero que sigue a Jehová no hable diciendo: Me apartará totalmente Jehová de su pueblo. Ni diga el eunuco: He aquí yo soy árbol seco. Porque así dijo Jehová: A los eunucos que guarden mis días de reposo, y escojan lo que yo quiero, y abracen mi pacto, yo les daré lugar en mi casa y dentro de mis muros, y nombre mejor que el de hijos e hijas; nombre perpetuo les daré, que nunca perecerá. Y a los hijos de los extranjeros que sigan a Jehová para servirle, y que amen el nombre de Jehová para ser sus siervos; a todos los que guarden el día de reposo para no profanarlo, y abracen mi pacto, yo los llevaré a mi santo monte, y los recrearé en mi casa de oración; sus holocaustos y sus sacrificios serán aceptos sobre mi altar; porque mi casa será llamada casa de oración para todos los pueblos. (Isaías 56:1–7)

El profeta corrige este exclusivismo con su mensaje, que pronto daría sus malos frutos dentro de la misma nación constituido en el sistema religioso: buscadores del favor de Dios por sus propias obras, creadores de rivalidades, hipocresía, vidas dobles justificadas por las apariencias. Jesús tuvo que enfrentarse a todo esto. Fariseos, escribas, saduceos, sacerdotes y el Sanedrín. Sistemas separatistas que, ocupados de su justicia por méritos propios, alejaban más y más a Israel de su propósito de ser luz para las naciones.

Jesús expresó categóricamente en la última semana antes de su muerte el propósito y alcance de Dios con Israel: "¿No está escrito: Mi casa será llamada casa de oración para todas las naciones?" (Marcos 11:17). Israel no lo entendió. El resultado fue corrupción, engaño, pérdida de propósito reflejada en una mercantilización, opresión, injusticia, violando todas las funciones sagradas, restándole propósito al Templo. El profeta Jeremías denunció todo esto (7:2–11), llamándolos al arrepentimiento. Un poco más de quinientos años después, esta misma condición de exclusivismo es castigada por Jesús en su última semana antes de morir (Marcos 11:15–17; Mateo 21:12–13), devolviéndole su propósito y significación sagrados (Mateo 21:14–16; Juan 2:18–22).

Exclusivismo nacional en los inicios de la Iglesia

Este exclusivismo estaba tan arraigado que Dios debe valerse de un Pablo para anunciar el evangelio a los gentiles (Hechos 26:17), mientras que usó a un Pedro para evangelizar a los judíos (Gálatas 2:7–8). Sin embargo, a Pedro le era difícil entender que el propósito salvador de Dios no excluía a los gentiles (Hechos 11:4–17).

Igualmente, este exclusivismo se ve en la autoridad eclesiástica en la Iglesia de Jerusalén. Al oír las declaraciones de Pedro de cómo los gentiles recibieron el evangelio, esto los sacudió profundamente:

> Entonces, oídas estas cosas, callaron, y glorificaron a Dios, diciendo: ¡De manera que también a los gentiles ha dado Dios arrepentimiento para vida! (Hechos 11:18)

El separatismo estaba tan arraigado que el liderazgo eclesiástico quedó asombrado ante la declaración de Pedro. No obstante, gran parte de la asamblea judía seguía arraigada a ese exclusivismo nacionalista:

> Ahora bien, los que habían sido esparcidos a causa de la persecución que hubo con motivo de Esteban, pasaron hasta Fenicia, Chipre y Antioquía, no hablando a nadie la palabra, sino solo a los judíos. (Hechos 11:19)

La mayoría de los mensajeros del evangelio reducían el alcance de la gran comisión a toda criatura y solo una minoría sí lo anunciaba también a los judíos y a los gentiles:

> Pero había entre ellos unos varones de Chipre y de Cirene, los cuales, cuando entraron en Antioquía, hablaron también a los griegos, anunciando el evangelio del Señor Jesús. (Hechos 11:20)

A la iglesia se le ha encomendado la tarea de la evangelización del mundo, pero podemos vernos reflejados en un tipo de exclusivismo, manifestado en el descuido de la evangelización dentro y fuera de esta. La buena noticia salvadora de Cristo es el imperativo de las misiones. Sustituirlo, retrasarlo e ignorarlo es repetir la historia de Israel. La encomienda es "a toda criatura". La proclama es urgente. Dios ha establecido su Iglesia en nuestros días para que seamos el medio que alerte y llame a todos al arrepentimiento. Se nos ha mandado el ministerio de la reconciliación (2 Corintios 5:18). La urgencia es anunciar:

> Que Dios estaba en Cristo reconciliando consigo al mundo, no tomándoles en cuenta a los hombres sus pecados, y nos encargó a nosotros la palabra de la reconciliación. Así que, somos embajadores en nombre de Cristo, como si Dios rogase por medio de nosotros; os rogamos en nombre de Cristo: Reconciliaos con Dios. (2 Corintios 5:19–20)

La Iglesia en un sentido integral es responsable de compartir el mensaje. La deuda del pecado con repercusiones cósmicas fue totalmente pagada. Nosotros pecadores, Cristo nuestro Salvador. Y la Iglesia, en su papel evangelizador, ruega en nombre de Cristo: ¡reconcíliense con Dios! Él lo ha hecho posible. El hombre es incapaz, pero Dios lo hizo factible en Cristo (Romanos 5:10). Dios ha elegido a la Iglesia para llamar al mundo al arrepentimiento para salvación:

> Pero levántate, y ponte sobre tus pies; porque para esto he aparecido a ti, para ponerte por ministro y testigo de las cosas que has visto, y de aquellas en que me apareceré a ti, librándote de tu pueblo, y de los gentiles, a quienes ahora te envío, para que abras sus ojos, para que se conviertan de las tinieblas a la luz, y de la potestad de Satanás a Dios; para que reciban, por la fe que es en mí, perdón de pecados y herencia entre los santificados. (Hechos 26:16–18)

> Pues ya que en la sabiduría de Dios, el mundo no conoció a Dios mediante la sabiduría, agradó a Dios salvar a los creyentes por la locura de la predicación. (1 Corintios 1:21)

¡Esta responsabilidad no se puede ignorar!

Pues si anuncio el evangelio, no tengo por qué gloriarme; porque me es impuesta necesidad; y ¡ay de mí si no anunciare el evangelio!

1 Corintios 9:16

COLOFÓN

impresiones

Alts Forns nº 68, sót. 1º
08038 Barcelona. España
Tel. (+34) 93 432 25 23

CORRECCIÓN
Álvaro Campuzano Luque

DISEÑO DE PORTADA Y MAQUETACIÓN
Andressa Rosa de Oliveira

DEPÓSITO LEGAL
B. 16499-2022

ISBN
978-84-19345-12-7

IMPRESO EN ESPAÑA

Impresiones no se hace responsable de los contenidos incluidos en este libro, siendo el responsable el autor mismo.

1ª EDICIÓN AGOSTO 2022

www.ingramcontent.com/pod-product-compliance
Lightning Source LLC
La Vergne TN
LVHW041126150826
845673LV00007B/2190

* 9 7 8 8 4 1 9 3 4 5 1 2 7 *